学校课程发展
精品丛书

丛书主编

舒小红　杨四耕

英语学科核心素养
培育的课程模式

大教学

主编　高友明

华东师范大学出版社

·上海·

图书在版编目（CIP）数据

大教学：英语学科核心素养培育的课程模式/高友明主编. —上海：华东师范大学出版社，2020

（学校课程发展精品丛书）

ISBN 978 - 7 - 5760 - 0462 - 5

Ⅰ.①大… Ⅱ.①高… Ⅲ.①英语课－教学研究－小学 Ⅳ.①G623.312

中国版本图书馆 CIP 数据核字（2020）第 234648 号

学校课程发展精品丛书

大教学：英语学科核心素养培育的课程模式

丛书主编　舒小红　杨四耕
主　　编　高友明
责任编辑　刘　佳
项目编辑　林青荻
特约审读　郑　策
责任校对　黄　燕　时东明
装帧设计　风信子

出版发行　华东师范大学出版社
社　　址　上海市中山北路 3663 号　邮编 200062
网　　址　www.ecnupress.com.cn
电　　话　021 - 60821666　行政传真 021 - 62572105
客服电话　021 - 62865537　门市（邮购）电话 021 - 62869887
地　　址　上海市中山北路 3663 号华东师范大学校内先锋路口
网　　店　http://hdsdcbs.tmall.com/

印 刷 者　上海商务联西印刷有限公司
开　　本　787×1092　16 开
印　　张　15.5
字　　数　236 千字
版　　次　2021 年 2 月第 1 版
印　　次　2022 年 7 月第 2 次
书　　号　ISBN 978 - 7 - 5760 - 0462 - 5
定　　价　46.00 元

出 版 人　王　焰

丛书编委会

主　编：舒小红　　杨四耕

副主编：周　林　　汪智星

成　员：(按姓氏笔画为序)

万远芳　　王玉燕　　李美荣　　杨　舸　　杨四耕　　邹　娟

汪智星　　张　蕾　　罗先凤　　周　林　　胡乐红　　秦文英

徐耀志　　高友明　　崔春华　　章　明　　舒小红

本书编委会

主　编：高友明

成　员：徐丽霞　　熊媛君　　张　静　　庄　云　　蔡苏琦　　裘永红

辛　怡　　杨艳萍　　廖艳艳　　李玉琳　　洪　璐　　邬蓓蓓

李爱华　　杜颖妮　　李　芳　　徐小英

丛书总序

　　区域课程改革既受国家课程改革政策影响,又与学校课程变革主体意愿相关。无论是国家课程改革的落地,还是学校课程变革的统领,都和区域这个中间环节密不可分。就区域课程改革推进模式而言,主要有"自上而下"的空降模式、"自下而上"的草根模式和"平行主体"的分布模式等三种。从宏观角度看,自上而下的课程变革层级设计是最有效的;从微观角度看,自下而上的课程变革主体参与是最重要的;从文化角度看,平行主体的课程变革激励分享是最有意义的。面对各种课程变革模式,如何取长补短是区域课程改革的路径选择和实践智慧。

　　美国当代教育改革家约翰·I.古德莱德(John I. Goodlad)和克莱因(M. Frances Klein)、肯尼思·A.泰伊(Kenneth A. Tye)提出"课程层级论"思想,他们将课程分为五个层级:(1)理想的课程,由研究机构、学术团体和课程专家倡导的、以纯粹形式呈现的课程形态。这类课程是否产生实际影响,主要看它是否为官方所采纳;(2)正式的课程,是获得州和地方学校委员会同意,由学校和教师采用的课程,也就是列入学校课程表的课程;(3)领悟的课程,指头脑中领悟的、理解的课程,被官方采纳的正式的课程会以学科形式呈现,经教师理解和领悟进入实施状态;(4)实施的课程,教师根据具体的教育情境,对"领悟的课程"作出调整使之成为"实施的课程",进入课堂教学;(5)体验的课程,这是学生实际体验到的课程,尽管经历了同样的课程与学习,但不同学生会获得不同的学习体验,该层次的课程是对整个课程组织流转的最终检验和落实。①

　　在古德莱德看来,上述五个课程层级,每个课程层级都必须进行三个方面的探究:一是实质性探究,包含对课程目标、学科内容以及教材等课程实体要素的本质和价值研究;二是社会性探究,包括对人类发展过程的研究,通过"政治—社会"研

---

① John I. Goodlad and Associates (eds.). Curriculum Inquiry: the study of curriculum practice[M]. New York: McGraw Hill, 1979: 344-350.

究看到利益倾向及其因果关联；三是专业性探究，主要从"技术—专业"角度考察个体或群体对课程的设计、维护和评价，进而改进、推动或者更新课程。① 前两个方面主要探究课程的价值与原理，后一个方面主要探究课程的技术与实践。古德莱德认为每个层级的课程都必须对其本质与价值、政治与社会、技术与专业进行细节性地审视和实践化处理，才能真正促使课程一层一层地垂直落地。

古德莱德"课程层级论"揭示了课程从理论形态到实践形态的运动过程，使人们对课程概念的理解从静态角度转换到动态角度，真正把课程看成是层次化、系统化和生态化的复杂系统，使我们既看到课程的宏观系统，又看到课程的微观层面；既关注原理的探究，又关注实践的落实，对课程从哪里来，要到哪里去，从时间流上考察清楚了。

按照古德莱德"课程层级论"思想，课程改革从区域布局到学生学习整个自上而下的"课程链"有五个层级：(1) 区域层面，代表国家，推行"理想的课程"；(2) 学校层面，基于本校，规划"正式的课程"；(3) 科组层面，立足学科，设计"理解的课程"；(4) 教师层面，深耕课堂，创生"实施的课程"；(5) 学生层面，聚焦学习，获得"经验的课程"。每个课程层级内部有一个"势能储层"。按照《简明不列颠百科全书》的解释：势能是由系统各部分的相对位置所决定的储能，势能是系统的特性而不是单个物体或质点的性质。② 势能是个状态量，是相互作用的物体所共有的。我们用"势能储层"这个概念来表达在一个课程层级内的若干要素之间的相互作用情况，每个课程层级就是一个"势能储层"，该层级内部各要素，如资源、环境、主体等相互作用，产生一定的"能量"，进而推动着课程变革进一步落地，形成区域课程改革的瀑布模型(见图 1)。

1. 区域层面：代表国家，推行"理想的课程"

区域层面如何以国家课程政策为依据，以学科课程标准为基础，整合性地推进"理想的课程"落地？课程是最重要的改革载体，区域课程改革必须立足实际，基于"五育并举"的要求，把对学校发展、教师发展以及学生发展产生影响的各种因素及

---

① (瑞典) 胡森，(德) 波斯尔斯韦特. 教育大百科全书　第 7 卷[M]. 重庆：西南师范大学出版社，2006：109.
② 姜椿芳. 简明不列颠百科全书　第 7 卷[M]. 北京：中国大百科全书出版社，1986：323.

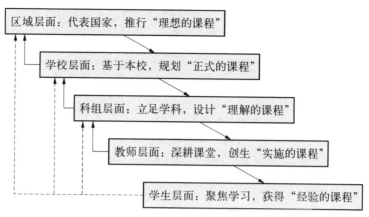

图 1　区域课程改革的瀑布模型图

资源进行整合考虑,建构系统的区域课程变革框架。南昌市东湖区组织各层面专家学者以及校长头脑风暴,广泛听取意见,对区域课程改革进行了梳理和归纳,通过充分调查研究,出台了《南昌市东湖区教育科技体育局关于提升中小学课程品质的指导意见》。这是一份"理想的课程"如何落地的宣言书,该指导意见从意义、目标、重点工作和保障措施四个方面为区域课程改革提供操作性指导意见,其目标在于"实践导向、精细设计,以点带面、聚焦特色,整合力量、共同发展",优化工作机制,整合教研、科研、培训、督导等方面的力量,培育一批有推广价值的课程改革经验,促进区域课程品质整体提升;重点工作聚焦在完善课程体系,加强课程建设,改进课程实施,促进课堂转型,构建多元评价体系等方面;本着"先行试点、积极探索、逐步推广、全面推进"的要求,积极稳妥地推进中小学课程改革,提升学校课程品质。应该说,通过区域课程改革政策设计,系统规划了区域课程改革,提高了区域课程改革的理解力和设计力。

2. 学校层面:基于本校,规划"正式的课程"

学校层面如何立足本校实际,推进课程深度变革呢? 这一课程层级可以研制学校整体课程规划为抓手,规划"正式的课程",进而提升学校课程领导力。南昌市东湖区每所学校均以校长为核心组建学校课程领导小组。学校课程领导小组牵头研制学校整体课程规划,建立与学校内涵发展相匹配的课程体系,提升学校课程品质。学校整体课程规划关注以下七个关键问题:(1)分析学校课程情境,明确学校课程变革的家底；(2) 确定学校课程哲学,把握学校课程变革的价值取向；(3) 厘定学校课程目标,引领学校课程方向；(4) 设计学校课程框架,建构学校课程体系；(5) 布局学校课程实施,转变课程育人方式；(6) 改进学校课程评价,提升学校课程品质；(7) 探索学校课程管理,保障课程扎实落地。学校根据自身实际情况,以内涵发展为中心,通过整体课程规划,优化学校课程结构,设计适合学生发展的课程体系,有逻辑地推进学校课程变革。① 学校课程变革是一个不断研究、深化的过程,学校整体课程规划本质上是以校长为核心的领导团队关于课程的价值判断力、目标厘定力、框架建构力、实施推动力和管理保障力的探索过程,是课程领导团队通过研究系统规划"正式的课程"的过程。

3. 科组层面：立足学科,设计"理解的课程"

学校是有明确职能分工的科层组织,学科教研组是其中最重要的业务组织。学科教研组层面如何立足学科,设计"理解的课程",便是这一课程层级需要思考的问题。在南昌市东湖区,我们推进学校学科教研组研制学科课程群建设方案,促进教师理解课程的真谛,进入课程领域,发现课程的意义。立足学校与学科实际,学科课程群建设方案主要从以下六个维度进行设计：(1) 确定学科课程哲学,把握学科课程价值观；(2) 厘定学科课程目标,细化学科核心素养要求；(3) 设计学科课程框架,活化学科课程内容；(4) 布局学科课程实施,转变学科学习方式；(5) 改进学科课程评价,提升学科课程品质；(6) 探索学科课程管理,保障学科课程落实。实践证明,学科是中小学教师的专业家园,学科教研组组长是学科课程建设的带头人,是学科课程的主要决策者。通过学科课程群建设方案的设计,带领学科教师走进课程世界,在课程实践中不断建构分享型组织文化,是一所学校课程变革的一个重要维度。

4. 教师层面：深耕课堂,创生"实施的课程"

教师即课程,教师的课程理解决定着教师的教学行为。教师创生课程是专业自主权发挥的体现,是个性化教学生成的重要标志。有学者认为"教师即课程"有两个内涵：其一,教师是课程的内在要素,是课程的有机组成部分；其二,教师是课

---

① 杨四耕.学校课程变革的逻辑与深度[J].中小学教育(人大复印资料),2016(7)：45-47.

程的创造者,创造课程是教师的责任。① 立足课堂教学,教师创生着最现实、最富有实践感的课程,也就是"实施的课程",其中包含师生关系在内的隐性课程、学科知识的经验再现课程以及拓展延伸的生成课程等表现形态。在南昌市东湖区,我们倡导教师从四个方面激活课程:一是培育课程敏感,让教师在课堂教学中,富有学科育人意识,有迅速捕捉课程资源的机智,充分发展课程的意义;二是提出教学主张,让教师把握学科本质,深化课程理解,对学科课程的理解,在一定意义上就是对学科本质的探寻;三是立足儿童成长,让课堂洋溢生命感,让课程成为给予儿童最重要的礼物,成为支持学生的创造和生长的资源;四是激活课程创生,在鲜活的教育情境中创生课程,践行"教师即课程"的美好追求。从静态知识观到生成课程观,从知识的预设到课程的创生,教师在课堂教学中充分发挥课程实施的主体创造性,实现对课程的情景性理解和把握,全面增值课程的育人价值,这就是"深耕课堂"的意涵,这就创生了"实施的课程"。

5. 学生层面:聚焦学习,获得"经验的课程"

"经验的课程"是学生实际体验到的课程,是儿童经验的改组和改造,是课程运行的最终归宿和效果落实。为了丰富学生的学习经历,促进儿童获得有价值的"经验的课程",在南昌市东湖区,我们强调以下四点。其一,准确把握学科知识的育人价值。学科知识是系统化的人类经验,有其特别的价值。我们倡导以生动的事实与学科知识有机结合的"课程微处理",让儿童从经验中学习,"行动就变成尝试,变成一次寻找世界真相的实验;而承受的结果就变成教训——发现事物之间的联结"。② 其二,实现学科知识和学生经验的全面联结。课程既包括静态的知识体系,也包括动态的学习过程,知识体系和经验世界共同构成了课程的风景,促进二者的融通是经验增值的途径。没有学生的经验活动过程,学科知识只是"死的符号",是没有意义的。其三,寻找课程内容与学生经验的最佳结合点。学科知识中的概念归纳、逻辑推理、事理演绎,都必须以学生的生活经验为基点,使学科知识贴近儿童的生活体验,让知识逻辑变为学生可感的经验表达,促使琐碎的经验事实不

① 陈丽华.教师即课程:蕴涵与形式[J].课程·教材·教法,2010(6):10.
② [美]约翰·杜威.民主主义与教育[M].王承绪,译.北京:人民教育出版社,1990:149.

断地向系统的知识逻辑发展。其四,引导学生进行真实的经验探索和评述。经验是具体的尝试过程,学生不能在被动静听中获得经验,只有在亲自"做"的过程中才能发展出真实的经验。教学要为学生提供经验探索的环境,引导学生主动尝试、积极求索,在发现问题和解决问题中获得经验,表述和评价经验的形成过程和成果。

综上所述,区域课程改革是镶嵌于上述五个"课程层级"中的若干不同主体、不同事件和活动构成的系统运作过程,由上至下构成了一个瀑布式课程推进模型。瀑布给人雄伟、壮观的印象,大家可以想象一下这样的画面:瀑布的上方有个储水池,溪流源源不断地往储水池注水,当池面水位达到一定高度,就会在水池边沿溢出,形成壮观的瀑布场景。溪水倾泻到瀑布底端后,又流进了一个储水池,当水面达到一定高度后又会溢出流入下一个水池,如此一层层往下流动,形成连续的瀑布场景。区域课程变革过程也像这样一个瀑布流,在每个"课程层级"都需要经历"储能"的过程,就像溪水流入每一个储水池,都需要时间积累和事件增值,当水位达到一定高度才发生溢出效应。

事实上,区域课程改革是通过设计一系列阶段性项目任务而展开的,从问题界定到需求分析,从项目确定到策略选择,从项目推进到评估反馈,每一个阶段的项目任务都有明确的内容,都会产生瀑布效应。课程改革项目进程从一个阶段"流动"到下一个阶段,逐步落实与推进,并溅起无数"浪花",形成整体"水幕"的过程,我们可以称之为瀑布式课程改革过程。[①] 从深层次看,瀑布式课程改革是课程政策由外部向内部、由宏观向微观、由理念构建向实践创新转换的关键所在,整个过程包含界定问题、需求定位、项目聚焦、策略选择、触点变革、项目推广、评估反馈等阶段。通过瀑布式推进,区域课程改革氛围可以浓郁起来,课程改革项目可以落地有声。

杨四耕

2020 年 6 月 18 日于上海市教育科学研究院

---

① 杨四耕.区域课程改革的瀑布式推进[N].中国教师报,2017 - 8 - 16(13).

目录

奥苏伯尔 1963 年提出学科教育的"大概念"(big ideas)，即围绕"大概念"组织知识内容，达成以往课程教学中零散概念的整合，在实践中理解和建构整体概念。因此，围绕大概念进行学习，就是要把握学科核心概念，围绕学科核心概念来建构英语学科知识体系，有效促进孩子认知的深入。大概念理念下的学科核心概念超越了那些孤立而散乱存在的事实或技能，对减轻孩子的认知负担、促进孩子形成对英语学习的整体认识具有重要作用。

大情境是整合性的真实情境，是贴近孩子既有经验且符合其当下兴趣的特定环境。通过创设与学习、生活密切相关的真实情境，让孩子在情境分析中，开展探究活动，展开深度思维。大情境搭建了孩子所处日常生活实践与学校课程学习之间的桥梁，将分散、零碎的语言点融入精心创设的大情境中，形成一个整体，赋予学习活动以意义。大情境有利于创设一个孩子相对熟悉的环境氛围，让孩子在以真实问题和现实情境为载体、彼此关联的经验活动和学习共同体中进行意义建构，促进核心素养的形成。

第三章 | **大任务**：探索语言学习内化的深度　　　　　　　/ 083

语言学习需要有意义的、开放的、真实的学习任务。孩子只有在真实的任务中通过感知、接触、理解、学习和应用过程获得真实的语言经验，并且主动积极地梳理与探究，才能提升自己内在的语言素养。语言的教学目标是通过孩子的语言学习实践来培养自身内在的语言素养，通过技能发展过程来积累语言经验，还通过整合文本资源与英语知识资源的大任务教学设计来实现英语的创造性学习和深度性学习。

第四章 | **大单元**：重塑课程内容组织的形式　　　　　　　/ 113

以核心素养为培养目标的课堂，对学科课程的内容组织和呈现方式提出了挑战。就课程性质而言，英语课程强调对孩子语言能力、文化意识、思维品质和学习能力的综合培养，具有工具性和人文性融合统一的特点。英语核心素养是对在真实的语言建构和语言情境中的关键能力、必备品质和价值观念三维目标的整合。相对独立的大单元学习活动需要在一个完整的、真实情境下开展以便提升英语核心素养。

第五章 | **大项目**：探索多项目实践性课程的途径　　　　　/ 145

"英语＋"项目学习从生活情境中发现问题，转化为活动主题，通过探究、服务、制作、体验等方式,培养孩子"英语+"跨学科实践的能力。大项目要求真问题驱动、小组合作和校本资源三个方面结合。大项目学习可以借鉴项目教学法的一些经验,解决大项目教学中解决多样化问题和主题拓展问题。大项目教学法让语言学习与孩子的现实生活更贴近,在真实的问题情境中培养孩子分析问题、解决问题的能力。

第六章 │ **大融合**：开拓多模态的英语课程模式　　　　　　　　　／ 187

英语课程应重视现代信息技术背景下教学模式和学习方式的变革。智能时代科技的发展推动着教学手段与学习方法的进步,突破了时间和空间限制的互联网和各类智能产品不仅影响了人类的日常生活,也让教育走进了一个"新时代"。借助科技的力量将英语教与学变得更加有趣和充实。而学生则在教师的带领下,变"被动接受"为"主动探索",学习策略与学习方法也从此变得更加多样化和具体化。如今种类繁多的英语学习 APP 和公众号等,开拓互联网场景下英语学习的大空间。

总　论

大　教　学

英语学科核心素养培育的课程模式

　　英语课程的总目标是全面贯彻党的教育方针，培育和践行社会主义核心价值观，落实立德树人根本任务，进一步促进学生英语学科核心素养的发展，培养具有中国情怀、国际视野和跨文化沟通能力的社会主义建设者和接班人。基于核心素养的英语课程理念，就是从英语的工具性和人文性两个角度来设置英语课程的目标。学习英语课程不仅要考虑学生应该学习哪些英语知识和技能，将来能够用英语做哪些事情，还要考虑学生通过学习课程可以获得其他哪些方面的知识，形成哪些关键能力和必备品格。[①]

　　如何培育英语核心素养的关键能力和必备品格？我们认为，创建学科课程群，将有内在联系的相关课程内容进行合理地整合，以大概念、大情境、大任务、大单元、大项目和大融合的"大教学"课程模式整合教学内容，重组教学方式和学习方式，是一个很好的尝试。

一、大概念：构建学科知识体系的核心

　　《普通高中课程方案(2017 年版)》中提出："重视以学科大概念为核心，使课程内容结构化，以主题为引领，使课程内容情境化，促进学科核心素养的落实。"

　　那么，什么是大概念呢？大概念是基于学科的基本结构和方法，它们不是具有简单具体答案的事实问题，而是指向具体知识背后的核心内容。威金斯和麦克泰格把大概念比作"车辖"。有了车辖，车轮等零部件才能组装起来，否则只能散落一地、毫无用处。默里·怀特利(Maree Whiteley)强调大概念是理解的建筑材料，可以被认为是有意义的模式，用以使人们能联结其他零散的知识点。有研究者从课程内容的角度界定大概念，林恩·埃里克森(Lynn Erickson)认为大概念是学科中的核心概念，是基于事实基础上抽象出来的深层次的、可迁移的概念。[②] 基于大概念的

---

① 古明.《普通高中英语课程标准(2017 年版)》与《普通高中英语课程标准(实验)》对比研究[J].现代教育科学,2018(11)：93—100.
② 葛燕琳.关注大概念　立足单元设计　发展核心能力.地理教学,2019(15)：29—32.

理论基础,南昌市滨江学校英语组创建了"5C 英语"学科课程群,将学生的英语学习统整为五个大概念: Communication 交流、Creation 创新、Confidence 自信、Cooperation 合作和 Cross-cultural communication 跨文化交流。"5C 英语"学科课程群借助阶梯状课程形式,激励学生通过体验和探索,轻松愉悦地内化知识、历练能力。在五个大概念的统领下,结合英语学科内容,引导学生形成对语言知识体系的基本理解,将语言学习的基本问题置于真实的生活情境中,确定表现性任务。"5C英语"学科课程群倡导提供丰富的语料,开展多样化的浸润式教学 (Infusion Approach) ,为学生创设真实和鲜活的语言学习环境,让学生在体验中理解语言、感悟语言、习得语言。创设真实情境的表现性任务目的是提高学生知识、技能的可迁移能力。通过"探索式学习" (expeditionary learning) ,培养学生的好奇心及探究精神,启发、引导他们积极、广泛、有远见地运用语言并肯定自己学习的过程,最终培养学生感受学习成果、反思并肯定自我,最终培养诸如沟通、合作、学习和处理问题等的综合能力。

　　豫章小学教育集团爱国路校区英语组基于多元智能理论基础,创建了"Smile英语"学科课程体系。课程群按照 Super English、Magical English、Intelligent English、Lively Reading Bar、Enjoy English 五个大概念进行建构,"S – M – I – L – E"分别代表"Success 成功"、"Motivate 激发"、"Interest 兴趣"、"Light 点亮"和"Effect 高效"。大概念打破以基础词汇和日常用语为主的碎片式教学模式,从培养学生的核心素养出发,进行整体教学设计来加强知识内容的整体性。在课程实施中将英语教学与"育人目标"相结合,使学生初步形成健全的人格,提升学科素养,促进学习能力、思维品质和文化品格的发展,为学生的可持续性发展打下良好的基础。

二、大情境: 搭建生活与教材的有机联系

　　建构主义认为,学习总是与一定的社会文化背景即"情境"相联系的,在实际情境下进行学习,可以使学生利用自己原有认知结构中的有关经验去同化和索引当前学习到的新知识,从而赋予新知识以某种意义;如果原有经验不能同化新知识,则要引起"顺应"过程,即对原有认知结构进行改造与重组。以核心素养培育为宗

旨的课程标准提倡情境教学,通过创设与学习、生活密切相关的真实情境,让学生在情境分析中,开展探究活动,展开深度思维,感悟语言规律。情境教学能引起学生积极的情绪体验,把学生的认知活动和情感活动作更好融合,提升学生的思维品质,促进核心素养的形成。

情境的种类多样,创设的方式不一。有一种情境称为"大情境",指在整个学习阶段或一段时间内,以一则典型材料为主线设计情境,这一情境贯穿学习始终,学生在这一情境中不断深入讨论、分析、体验、感悟,从而构建概念、发展能力、培养情趣。[①]南昌市邮政路小学教育集团英语组将学校的"树文化"融入到英语课程群建设中,创建了"枫杨英语"课程"大情境",把英语知识树分为树根、树干、树枝、树叶四个部分,分成"Water the trees"(给树浇水)、"Add branches and leaves"(添枝加叶)、"Big branches and leafy trees"(枝繁叶茂)、"Grow sturdily"(茁壮成长)四个主题板块进行情境构建。这种"大情境"的创设能够整合单个课堂的分散情境,有利于对知识建构的整体把控。

南昌市右营街小学英语组将英语课程群定义为 EOLO(E-enjoyment 喜悦,O-observant 用心,L-listen 倾听,O-obligate 付出),力图建立包含听说读写等语言学习全过程的生态"大情境"。构建生态"大情境"有利于学生的自主发展和实践创新。生态情境模式作为一种价值取向,使其教学环境趋向优质、高效与和谐发展的状态。基于"EOLO 英语"学科理念,教师通过发掘教材及生活中的资源,创设生态情境,建立嵌入式课程,将基础性课程与拓展性课程有机整合,运用丰富多彩的听、说、读、写、看、唱、演等活动为学生提供了一个自由宽松的生态英语"大情境"。大情境搭建了学生日常生活实践与学校课程学习之间的桥梁,赋予学生学习活动以意义,同时改进了现有教科书上以学科知识体系为依据的教学单元编排方式,调动了学生的生活经验和语言基础。教师精心选择或创设一个学生相对熟悉且与整个学习过程相适切的大情境,能激发学生学习兴趣和参与热情,并沉浸到语言学习的情境之中,使知识内化为学生的个性、智慧、品格、气质和生命。

---

① 黄忠华,张年逢.大情境有大精彩——基于"大情境"的生物教学设计[J].中学生物学,2019,35(09):37—39.

三、大任务：探索语言学习内化的深度

"任务"在英语教学中并非一个新名词。Skehan(2003)认为在培养语言运用能力方面,任务型语言教学是目前最有效的途径。学生的学习活动必须与大任务或问题相结合,让学生在真实的学习情境中带着任务学习,以探索问题的解决方法来驱动和维持学习者学习的兴趣和动机,在完成实际任务的过程中完成知识的学习,并从中发展认知能力和处理问题能力。

所谓"大任务"就是"真实的教学大情境",就是能让学生"看得见、摸得着、用得到"的情境和任务,在这样的大任务中,即能让学生有"实感",还能让学生有"获得感"。① 大任务强调有意义的、开放真实的学习活动。这样的任务贯穿整个的学习过程或某一个学习阶段,完成某个大任务的过程就是学习者经历学习的过程。南昌市东湖小学英语组创建"梦乐英语"学科课程群,通过 Club(社团活动)、Exploring(探索任务)、Reading(分级阅读)CLIL(语言与学科)和 Drama(戏剧表演)五种形式设计大单元任务。课程群根据《义务教育英语课程标准(2011 年版)》中提及的 24 个话题的内容进行整合,按照英语学科核心素养的要求进行"大任务"规划。

南昌市扬子洲学校初中英语教研组提出以"活力思维课堂"的"乐思英语"为核心的英语学科课程理念。创建了"趣"——生活体验、"韵"——探究合作和"秀"——展示交流的三大任务体系,在七、八、九年级分层次设置任务型的学习内容,学生在任务中运用适当的语言把任务要求的事情做好,从而充分体验到如何灵活运用语言。教师在语言教学过程中,通过任务形式、类型的多变,提高学生的学习兴趣、激发学生的创造性、降低学生学习的心理负担,使学生在轻松的环境中掌握知识和技能,达到"事半功倍"的效果。以培养学生实际语言运用能力为倾向,强调课程从学生的学习兴趣、生活经验和认知水平出发,倡导体验、实践、参与、合作与交流的学习方式和任务型的教学途径,发展学生的综合语言运用能力,使语言学习的过程成为学生形成积极的情感态度、主动思维和大胆实践、提高跨文化意识和形成自主学习能力的过程。②

---

① 严育洪.设计好"大任务",让学生看见"知识就是力量"[J].小学教学(数学版),2018,(3)：21—25.
② 刘秀明.浅谈怎样转变不良英语学习策略[N].发展导报,2018 - 08 - 28(017).

四、大单元: 重塑课程内容的组织方式

英语教材多数以单元的形式编写,教师则以单元组合来组织日常英语教学。而"大单元"则指的是一种学习单位,一个单元就是一个学习事件、一个完整的学习故事,也是一个微课程。"大单元"是指向学科核心素养的教学,倡导大概念、大项目、大任务与大问题的设计,其出发点不是一个知识点、技能点或一篇课文,而是起统率作用的"大"的观念、项目、任务、问题,以此来提升教师的站位,改变教师的格局。①

南昌市城北学校英语组创建的"星动英语"学科课程群涵盖"星韵英语"、"星境英语"、"星智英语"和"星艺英语"4 个大单元。每个大单元又由若干个小任务组成,从低段"玩英语"、中段"秀英语"到高段的"演英语",循序渐进。学生在完成重组后单元内容过程中,获得语言知识,并应用这些知识去解决生活中的问题,进行自我的建构,只有亲历这样的语言学习活动,在真实的单元任务中通过体验、表达与交流,获得真实的语言经验,并主动积极地梳理与探究,才能提升自己内在的语言素养。

英语核心素养的获得,需要在一个完整的、真实情境下的学习方案中展开,这样的学习方案就是一个相对独立的大单元学习活动。南昌市育新学校教育集团小学英语教研组在研读理论基础上,创建了"本真英语"学科课程群,旨在创设有意义的、开放真实的学习任务,构建完整的、真实情境下的学习方案,实施独具特色的"大单元"教学活动,最终把学生培养成主动的学习者。她们认为英语教学应聚焦在"核心素养为本的单元设计"、"真实情境中的深度学习"以及"线上线下的智能系统"上,完成从英语知识的线性排列、分点训练、单课时教学走向大单元整体教学,最终使学生在接受相应学段英语课程教育的过程中,逐步形成和提升适应个人终身发展和社会发展需要的必备品格和关键能力。

"品味英语"学科课程群在教学实践中给学生创设了一个真实可感的完整情境,每一个完整情境组成一个大单元,用以帮助学生用经历过的生活经验去对接英语学习。如五年级的 Daily topics(日常话题)这一课程中,围绕话题设置了 12 个主

---

① 崔允漷. 如何开展指向学科核心素养的大单元设计[J]. 北京教育(普教版),2019,(2): 11—15.

题情境,包括"购物"、"制作食物"、"春游"、"中西方节日庆祝"等主题,都与学生生活息息相关,学生能在日常生活中找到与之类似的经历和体验,使其与英语学习发生联系,这样就能让学生在真实的体验中主动参与学习。"大单元"设计的出发点不再是一个聚集在传统教学的语言知识上,而是立足于培养基于学科核心素养的全面发展的人。

五、大项目：探索多项目实践性课程的途径

项目式学习简称"PBL"(Project-Based Learning),是一种以学生为中心设计执行项目的教学和学习方法,致力于促进学生的学习效果。在一定的时间内,学生选择、计划、提出一个项目构思,通过展示等多种形式解决实际问题。项目式学习和传统式学习方法相比,能有效提高学生实际思考和解决问题的能力。而大项目教学则围绕着一个或多个项目组织和开展探究学习活动,使学生直接参与项目过程,进行整个项目信息的收集、方案的设计、项目的实施及最终的评价等,学生通过项目的设计和实施,了解把握整个过程及每个环节的基本要求,将所学知识和实际有效结合,真正落实"用英语做事情"。

英语学科核心素养是学生在英语学习过程中所掌握的解决实际问题能力,是满足学生自我发展,促进社会发展所需要的必备品格和关键能力。在实际的教学中,如何贯彻落实英语学科核心素养的教育理念? 北京师范大学程晓堂教授提议使用探究式教学、项目式教学、任务型教学等方法。南昌市光明学校英语组围绕学校的"灿烂教育——心灯式课程"理念,在英语课程构建中注重内容的横向和纵向发展,注重拓展丰富的课程资源,借助"I-English 课堂"和"I-English 项目"这两种方式实施,通过多种课程形式,落实英语核心素养。通过开设美式学舌、Phonic Time、绘本阅读、英语剧、脱口秀等英语课程,让学生能够参与到真实问题的探究中,这些真实的问题或任务通常被视为项目,需要学习者自主地、有计划地进行探究,解决问题,完成项目任务;教师在项目设计和实施中适当给予学生指导和帮助,学生充分享有自我组织和自我管理的权利。

南昌市育新学校初中英语组基于项目式学习的探索实践,创建了"尚品英语"学科课程群,通过系统课堂的学习,依托课后、课外的各种项目活动的有效实施,让

学生借助校园文化节大平台,展示学生英语习得的成就感,推动学生核心素养的养成,为学生未来成功的人生奠基。尚品英语第一品(品趣 Interest)即通过有效的课内基础课堂,引导学生通过课堂上的积极参与和实践学会基础语言知识,初步树立学生的自信心,为语言交际打下基础。尚品英语第二品(品控 Improvement)即通过组织高质量的课后课外教学活动(项目设计),引导学生通过多种方式展示自己的才艺,品到语言学习的信心和初步的语言感知能力,把学生的可持续发展变成可能。尚品英语第三品(品致 Individuation)即通过系列主题品文化节活动展示学生的学习成果,引导学生形成个性特征,推动学生核心素养的养成,让学生初步品到人生的格调志趣。在项目学习设计和实施的过程中,教师们坚持"以项目为主线、教师为引导、学生为主体"的原则,让学生使用语言完成各项情境任务。因此,项目式英语实践活动不但能够有效提高学生语言应用能力,还能全面提高学生的英语学科核心素养。

六、大融合: 开拓多模态的英语课程模式

西方研究者科尔布和威士肖(Kolb and Whishaw)提出了五个模态,即听、说、触、嗅、味。模态是指人类通过各种感官(如视觉、听觉等)和外部环境(如人、机器、物件等)产生的互动方式,其中用单个感官方式进行互动的叫做单模态,用两个感官进行的互动方式叫双模态,用三个或三个以上感官进行的互动方式叫多模态。多模态运用多种符号资源,主要指运用视觉、听觉、味觉、触觉等多方面的刺激与外界互动。教育心理学家通过各种实验发现视觉、嗅觉、味觉和触觉在获取信息中都参与了不同角色,戴尔(Dale)等人从视听研究与科学学习视角发现学习者的语言掌握程度与符号模态之间存在密切关系,人们一般能记住"10%读到的,20%听到的,30%看到的,50%看到和听到的,70%说的,90%说和做的"。[①] 因此,语言教学模态和教学资源越丰富,学习者的语言掌握就越乐观。

"大融合"倡导借助于现代教育信息技术,为教学创设多模态教与学的情境,丰富教学语言的表达形式,学生借助"视""听""触""嗅""味"五个感官的学习样态,与

[①] 周旗.多模态大学英语教学研究[J].佳木斯职业学院学报,2019,(6):148,165.

学习材料整体发生互动。基于"大融合"多模态的学习理论,南昌市东湖区扬子洲学校小学英语教研组提出以"声动英语"为核心的英语学科课程理念。她们借助现代教育信息技术,从学习实践出发,分为"声韵英语"和"律动英语"两个板块进行建构。"声韵英语"包含韵律小诗、自然拼读、超级词霸、美音英韵、绘本听读、Story time、趣玩动漫、动画配音等学习内容。"律动英语"包含书写 ABC、趣味字母操、书写达人、校园歌手、绘本制作、Play time、最佳拍档、动画剧场等形式。在多模态视域中,学生感知、记忆、思维、想象、操作等活动能有效融合,学生的学习更立体、多维。

《普通高中英语课程标准(2017 年版)》在教学建议中指出,教师应充分利用各种听觉和视觉手段,例如挂图、音像等,丰富教学内容和形式,促进学生课堂学习。南昌市八一嘉实希望小学英语组立足扬子洲本土特点,利用网络、科技等工具创设真实的活动场景,以互联网为中介,架起共同探究、合作、成长的桥梁,化被动接受为主动探索。课程依托现代信息技术,以听说读写、学习实践体验为基石,旨在发展学生沟通协作、自主探究能力,课程群共分"悦动英语"、"秀动英语"、"魅影英语"三个板块进行建构。"悦动英语"智能影音的运用确保了动觉和听觉等感官的参与,"秀动英语"通过 VR 技术为学生带来了沉浸式学习,"魅影英语"通过模仿英语电影的内容,深入理解中外语言表达差异。多媒体技术与多模态感官的应用帮助学生通过多通道获得信息,丰富学习体验,激发学习兴趣,强化理解记忆,从而有效地培养了学生的语言能力、文化品格、思维品质和学习能力等英语学科核心素养。

总之,一切课程本质上都是教师和学生的课程,而课程整合是一个动态转化、持续创新的过程。我们的"大教学"课程模式倡导以"大概念"统领学科课程的知识系统,以"大情境"搭建学科课程的呈现环境,以"大任务"建构学科课程的活动形式,以"大单元"重构学科课程的内容组织方式,以"大项目"拓展学科课程的外延范畴,以"大融合"优化学科课程的获取和内化的途径。运用"大教学"课程模式对英语学科内的相关内容进行重组,优化资源配置,减少课程设计中简单重复,对探索课程功能突破,实现学科内容整合很有意义。"大教学"课程模式既注重知识习得,又重视方法能力的培养,既减轻了学生的学习负担,又提高了教学效率,提升了学生综合分析和解决问题的能力,最终促进了学生核心素养的培育。

第一章

大 概 念

构建学科知识体系的核心

奥苏伯尔 1963 年提出学科教育的"大概念"(big ideas),即围绕"大概念"组织知识内容,达成以往课程教学中零散概念的整合,在实践中理解和建构整体概念。因此,围绕大概念进行学习,就是要把握学科核心概念,围绕学科核心概念来建构英语学科知识体系,有效促进孩子认知的深入。大概念理念下的学科核心概念超越了那些孤立而散乱存在的事实或技能,对减轻孩子的认知负担、促进孩子形成对英语学习的整体认识具有重要作用。[①]

① 吴爱兄.大概念理念下的"势能"教学设计[J].物理通报,2019(12):28—32.

5C 英语：让每一个孩子畅游英语世界

南昌市滨江学校坐落在风景秀丽的赣江江畔，创办于 1963 年，是一所九年一贯制学校。学校英语教研组有英语教师 10 人，其中南昌市学科带头人 1 人，南昌市优秀青年骨干教师 1 人，东湖区青年骨干教师 1 人。英语教研组围绕学校提出的"润泽教育"课程规划，秉持以"科研兴校，内涵发展，师生共进"的课程理念，致力于打造"Learning by doing"的教研组文化，在课堂上努力践行着"让每一位学生在课程建设中演绎自己的精彩"。教师们在平时的教学工作中形成了"随时随课，研思结合"的教研风气，逐渐形成具有校本特色的、有教师主张和学科视野的英语学科群。

第一节　润泽教育，扬帆起航破巨浪

一、学科课程价值

英语作为全球使用最广泛的语言之一，已成为国际交往和文化科技交流的重要工具，成为了中国了解世界和世界了解中国的桥梁。青少年肩负着未来发展的重任，学习英语可以更好地帮助他们了解世界，学习先进的科学文化知识，促进思维发展，丰富认知方式，传播中国文化，增进他们与各国青少年的相互沟通和理解，为升学、接受职业教育以及就业等奠定有利的发展基础。学习英语还能帮助学生形成开放、包容的性格，发展跨文化交流的意识和能力，形成正确的人生观、价值观和良好的人文素养，为其未来参与知识创新和科技创新储备能力，在未来更好地适应世界。

义务教育阶段的英语学科具有工具性和人文性双重性质，且二者并重。就工具性而言,英语课程承担着培养学生基本英语素养和发展学生思维能力的任务。就人文性而当,英语课程承担着提高学生综合人文素养的任务,即学生通过英语课程能够拓展视野,丰富生活经历,形成文化意识,增强爱国主义精神,发展创新能力,形成良好的品格和正确的人生观、价值观。① 工具性和人文性统一的英语课程要求通过英语学习和英语实践活动,使学生逐步掌握英语知识和技能,提高英语实际运用能力,促进思维品质发展,锻炼意志,陶冶情操,发展个性,为学生的终身发展奠定基础。作为学校"润泽课程"的一个重要分支,5C英语课程要体现学校的办学理念,呈现"润泽教育"的灵动与自然,突出"水娃"的主体地位和作用,一切从学生的实际出发:尊重学生的兴趣、爱好、个性需求,发挥学生的主动性和积极性,帮助他们形成开放、包容的性格,发展跨文化交流的意识与能力,促进思维发展,形成正确的人生观、价值观和良好的人文素养。②

二、学科课程理念

　　基于英语学科的特点,围绕学校的"润泽教育"理念,英语组经过反复研讨,确定了以"5C英语"为核心的学科课程理念,以立德树人为宗旨,力求构建并优化与其协调一致的课程目标、课程结构、课程内容、教学方式和课程评价,以确保学科育人计划能够有效实施。"5C英语"借助阶梯状课程形式,激励学生通过体验和探索,轻松、愉悦地内化知识、历练能力。"5C英语"旨在培养学生的语言能力和思维品质,具体诠释的意义如下。

(一) Communication 交流

　　我们提供丰富的语料,开展多样化的浸润式教学(Infusion Approach),为学生创设真实和鲜活的语言学习情境,让学生在体验中理解语言、感悟语言、习得语言。

(二) Creation 创新

　　全球化的发展趋势要求我们应以一种"未来智慧"的视角来看待英语教学

① 教育部.义务教育英语课程标准[M].北京：北京师范大学出版社,2012.01.
② 教育部.义务教育英语课程标准解读[M].北京：北京师范大学出版社,2012.02.

(educating for the unknown)，探索新的有价值有意义的语言学习。通过"探索式学习"(expeditionary learning)，培养学生的好奇心及探究精神，启发、引导他们积极、广泛、有远见地运用语言并肯定自己的学习过程，进而愉悦地感受学习成果、反思并肯定自我，最终培养诸如沟通、合作、学习和处理问题等综合能力。

(三) Confidence 自信

教师可以通过言传身教以饱满的热情感染学生，用高尚的职业精神影响学生，用过硬的专业素养塑造学生，用赞赏的话语鼓舞学生，帮助学生认清自我，发现自己英语学习上的天赋和优势，引导学生用科学的方法学习英语，使学生对英语学习产生浓厚的兴趣。通过丰富的课程内容激发他们的求知欲，夯实他们的英语基础，强化他们的自信心。

(四) Cooperation 合作

教师积极开发好课程资源，运用多种教育资源和教学手段，拓展学生合作学习和运用英语的渠道，如朗诵、唱歌、演故事、趣配音、英语演讲、英语 party 及英语作品展示等来落实学习过程，切实提高学生学习效率和效果。采用科学、合理的评价方式和方法，对教学的过程和结果进行及时、有效的监控。

(五) Cross-cultural communication 跨文化交流

跨文化交际指本族语者与非本族语者之间的交际，也指任何在语言和文化背景方面有差异的人们之间的交际。不同的文化背景造成人们不同的说话方式，进而造成沟通的障碍。语言最根本的作用即为交际，对于俚语、成语的学习也不可小视，在交际过程中，对于俚语的误解往往会造成交际的失败，因此，有效而得体地运用语言才能达到沟通与交流的目的，这就要求我们在英语教学过程中注重培养学生的跨文化交际能力。教师可从以下几方面入手：

1. 教学中应将词与词的文化内涵相结合。在传统的英语教学过程中，教师往往只向学生教授词汇的表层意义，对于词汇的文化意义并没有加以深入解释说明。如"dragon"一词，在中国，龙是吉祥、高贵的象征，而在西方社会则是邪恶的化身，因此，在词汇的教学中，教师应向学生传授词的不同文化内涵以免造成沟通的障碍。

2. 教学中应注意不同文化背景下世界观、价值观的差异。在跨文化交际过程中，对于隐藏在文化深层里的世界观、价值观是无法回避的，人们恰恰是通过了解世界观、价值观的不同，来加深对跨文化交际的理解。在教学过程中，教师应注重将其他文化的世界观、价值观有意识地传达给学生，从而培养学生跨文化沟通的能力。

3. 教学中介绍英语的交际习惯和行为方式。文化制约着人们的语言行为，在教学过程中，教师应注重介绍目的语国家的交际习惯和行为方式，让学生了解差异并以本族人的观点去理解目的语文化，使他们具备进行得体而有效的跨文化交际的能力。

4. 教学中注重非言语交际的运用。萨莫瓦尔(Samovar, 2000)等人将非言语交际定义为"在交际的环境中人为的和环境产生的对于传播者或受传者含有潜在信息的所有的刺激"。因此它包括了言语行为之外的一切由人为的或由环境所产生的刺激，如：表情、手势、身势、触摸、界域、服饰、副语言、时间、场景等，在跨文化交际中，非言语交际往往也决定着交际的成败。[1]

总之，5C课程要求教师顺应学生的兴趣、天性和需求，通过资源联动、有效互动、评价驱动来激活课堂，让师生处于运动、快活、愉悦的生命状态，通过手活、口活、脑活，身动、心动、神动，在各种感官体验中落实教学目标，内化语言、锻炼能力、生成智慧、培养自信、乐观、豁达、担当等品质。

第二节　静水深流，扎根向上如春竹

一、学科课程总体目标

近年来，随着核心素养概念的提出，人们逐渐形成了未来人才培养的共识。基础教育作为国家基石性教育，首先要回答的是培养什么人和如何培养人的问题。

---

[1] 周萍.试论商务英语函电教学跨文化交际能力的培养策略[J].现代交际,2018,(9)：170,169.

真正高质量的教育是培养学生适应终身发展的教育。英语学科的课程总目标是致力于培养学生综合语言运用能力。通过英语学习使学生形成初步的综合语言运用能力，促进心智和思维品质的提升，提高综合人文素养。综合语言运用能力的形成建立在语言技能、语言知识、情感态度、学习策略和文化意识等方面整体发展的基础之上。语言技能和语言知识是综合语言运用能力的基础；文化意识有利于正确地理解语言和得体地使用语言；有效的学习策略有利于提高学习效率和发展自主学习能力；积极的情感态度有利于促进主动学习和持续发展。通过五个方面相辅相成，共同促进学生综合语言运用能力的形成与发展。①

以语言技能、语言知识、情感态度、学习策略和文化意识等五个方面共同构成的英语课程总目标，既体现了英语学习的工具性，也体现了其人文性；既有利于学生发展语言运用能力，又有利于学生发展思维能力，从而全面提高学生的综合人文素养。② 课程总目标如下图所示。

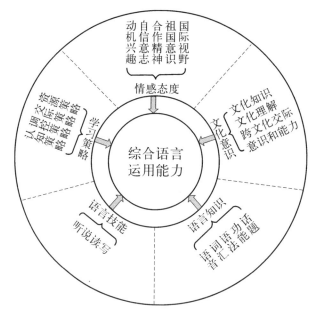

图 1-1-1 "5C 英语"课程目标结构图

---

① 教师资格考试研究中心.教育教学知识与能力小学版[M].上海：华东师范大学出版社,2013.01.
② 国家教师资格考试命题研究中心.教育教学知识与能力小学 2015 最新版[M].成都：西南交通大学出版社,2015.03.

二、学科课程分段目标

基于我校"润泽教育大课堂——让每一个孩子成为充满爱与智慧的小水滴"的课程理念和"润之韵课程"的总体目标,教研组确立了我校的英语课程体系目标,针对学生不同阶段、不同特征,施以教育润泽,逐步实现对语言综合运用能力培养的总目标。我校三至九年级具体目标见下表:

表 1-1-1 "5C 英语"课程分级目标描述

级别	目　标　描　述
三年级	1. 了解字母的不同字体; 2. 能在教师的指导下进行游戏中的简单交际; 3. 能够正确书写 26 个字母并且尝试记忆单词,模仿例句写词语和句子; 4. 了解元音字母在单词中的发音规律; 5. 能在小组活动中积极与他人合作,相互帮助,完成任务; 6. 对所学习内容开始尝试进行复习和归纳。
四年级	1. 能够主动地进行英语口语交际; 2. 了解字母组合在单词中的发音规律; 3. 会根据单词的音、形、义来学习词汇; 4. 熟练记忆所学单词,并模仿例句举一反三进行造句; 5. 理解并运用一般将来时态; 6. 知道世界国家国旗、歌曲,以及节日和体育活动,知道各个国家典型的食品和饮料的名称。
五年级	1. 能够简单写出问候语和祝福语,能根据图片或者关键词的提示写出简短的语句; 2. 现在进行时和一般将来时的理解和正确运用; 3. 能在教师的指导下表演小故事; 4. 尝试阅读英语故事及其他英语课外读物; 5. 掌握有关五年级话题 400 到 500 个单词以及 40 个左右的学习用语; 6. 积极运用所学英语进行表达和交流。
六年级	1. 能够积极熟练地写出问候语和祝福语; 2. 能根据图片或者关键词写出 50—60 个单词的短文; 3. 能在教师的指导下表演小故事; 4. 课堂上积极思考,主动交流表达所学知识; 5. 能初步借助简单的工具书或者网络资源学习英语; 6. 知道英语国家的首都以及重要城市,在学习和日常交际中,主动探索中外文化异同。

级别	目　标　描　述
七年级	1. 对英语学习表现出积极性和初步的自信心； 2. 能听懂熟悉话题的语段和简短的故事； 3. 能与教师或同学就熟悉的话题(如学校、家庭生活)交换信息； 4. 能读懂小故事及其他文体的简单书面材料； 5. 能用短语或句子描述系列图片，缩写简单的故事； 6. 能根据提示简要叙述一件事情，参与简单的角色表演等活动； 7. 能尝试使用适当的学习方法，克服学习中遇到的困难； 8. 能有意识地辨别语言交际中存在的文化差异。
八年级	1. 有明确的学习需要和目标，对英语学习表现出较强的自信心； 2. 能在所设日常交际情境中听懂对话和小故事； 3. 能用简单的语言描述自己或他人的经历，能表达简单的观点； 4. 能读懂常见文体的小短文和相应水平的英文报刊文章； 5. 能合作起草和修改简短的叙述、说明、指令、规则等； 6. 能尝试使用不同的教育资源，从口头和书面材料中提取信息、扩展知识、解决简单的问题并描述结果； 7. 能在学习中相互帮助，克服困难； 8. 能合理计划和安排学习任务，积极探索适合自己的学习方法； 9. 在学习和日常交际中能注意辨别中外文化的异同。
九年级	1. 有较明确的英语学习动机、积极主动的学习态度和自信心； 2. 能听懂有关熟悉话题的陈述并参与讨论； 3. 能就日常生活的相关话题与他人变换信息并陈述自己的意见； 4. 能读懂相应水平的读物和报纸、杂志，克服生词障碍，理解大意； 5. 能根据阅读目的运用适当的阅读策略； 6. 能根据提示独立起草和修改小作文； 7. 能与他人合作，解决问题并报告结果，共同完成学习任务； 8. 能对自己的学习进行评价，总结学习方法； 9. 能利用多种教育资源进行学习； 10. 进一步增强对文化差异的理解与认识。

第三节　水涨船高，丰润课程扩平台

这一课程结构，实现了英语课程的多样化设计，力求为学生奠定英语学习的共同基础，同时为他们提供多样化的选择性课程；在教学方式上，积极探索体验、实践、探究的教学方式。通过对课程的重新梳理,我校在原有基础上,对英语校本课程再次进行了系统、科学的开发。通过创设快乐、轻松、和谐的学习氛围,利用听、说、读、写、玩、演、视、听、做等教学手段对学生进行英语语言浸润式教学。"5c"英语课程框架即：Communication, Creation, Confidence, cooperation, Cross-cultural communication。

一、学科课程结构

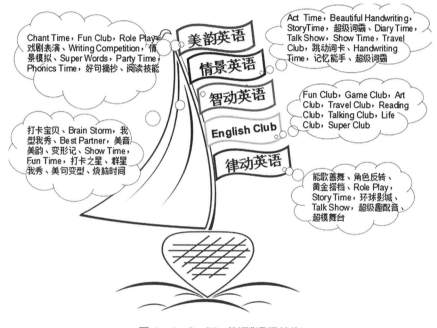

图 1-1-2 "5c 英语"课程结构

美韵英语：英语语音综合能力对学生的听、说、读、写均有重要的影响。

情景英语：教师有目的地引入或创设具有一定情绪色彩的、以形象为主体的生动具体的场景,以引起学生一定的态度体验,从而帮助学生理解教材,使学生的心理机能得到发展。

智动英语：根据学生的智力和动作,创设英语情景,培养学生的语言能力。

English Club: 通过组织学生开展英语活动,为广大学生提供英语应用的机会,创造良好的英语学习空间,营造更好的学习气氛,提高英语实用能力。

律动英语：掌握单词的发音和重音,然后再掌握一些连读规律,让学生有效地掌握英语。

二、学科课程设置

表 1-1-2　南昌市滨江学校润泽教育"5c 英语"学科课程设置

年级	美韵英语	情景英语	智动英语	English Club	律动英语
三上	Chant Time	Act Time	打卡宝贝	Fun Club	能歌善舞
三下	Fun Club	Beautiful Handwriting	Brain storm	Game Club	角色反转
四上	Role Play	Story Time	我型我秀	Art Club	黄金搭档
四下	戏剧表演	超级词霸	Best Partner	Travel Club	Role Play
五上	Writing Competition	Diary Time	美音美韵	Reading Club	Story Time
五下	情景模拟	Talk Time	变形记	Talking Club	环球影城
六上	Super Words	Show Time	Show Time	Life Club	Talk Show
六下	Party Time	Travel Club	Fun Time	Super Club	超级趣配音
七上	Phonics Time	跳动词卡	打卡之星	Fun Club	能歌善舞
七下	好句摘抄	Handwriting Time	头脑风暴	Game Club	角色反转
八上	阅读技能	记忆能手	群星我秀	Art Club	黄金搭档
八下	戏剧表演	超级词霸	美句变型	Travel Club	超模舞台
九上	Writing Competition	Diary Time	Show Time	Reading Club	Story Time
九下	情景模拟	Talk Show	烧脑时间	Life Club	Talk Show

第四节　水滴石穿,深化细节助教学

英语学科课程应创设彰显英语特色的趣味性、人文性、工具性、实用性的情境,实现快乐、高效的英语课堂,创建阶梯性的、实用的校本课程和课程体系,从而培养学生交流能力(communication)、创新能力(Creation)、自信心(confidence)、合作能力(cooperation)和跨文化交流能力(cross-cultural communication)等综合语言运用能力。

一、建构"5C课堂"，彰显"5C英语"教学主张

建设符合我校英语学科实际的"5C课堂"，主要包括基本要求和评价要求两个方面。"5C课堂"与"润泽课堂"之间有什么关系？在英语教学中，我们教师要从学生的切身实际出发，针对学生们的年龄特征和个性差异，因材施教，激发情感。在课堂上充分利用实物投影、多媒体等手段，创造感情激荡、妙趣横生的课堂气氛，把学生带到特定的情境之中，让他们如见其人、如闻其声，又如临其境，以激发学生的情感共鸣，产生情感体验，促进道德情感的形成。在英语教学中，每一个环节的呈现，每一个新内容的教授、教读、操练包括复习巩固，都需要相互关联，渗透情感教育，都要创设适当的情境，把情感通过教育贯穿于整个教学流程之中，让他们在快乐中学习，在爱的氛围中感悟，以此来提高他们学习英语的自觉性、积极性，让他们在英语的学习中润泽情感，润泽心灵。

(一)"5C课堂"的基本要求

1. 交流(Communication)式教学。语言的主要单位不仅是语法、结构特征，还包括功能范畴。主要功能是交际功能，其交际性功能的英语教学过程为：已知英语知识的交际——实践新的英语语言项——新旧英语知识的综合交际实践。在这样的教学过程中，教师是语言交际活动的组织者，根据教学目的和学生的实际情况把已授和新授的语言知识融入交际训练中去，学生是语言交际活动的积极参加者，在教师的引导下，让学生在交际环境中真实地使用所学语言知识进行交际。[①]

2. 创新(Creation)式教学。探索、创新是学生素养的重要组成部分，教学中我们通过培养学生的好奇心及探究精神，启发、引导他们积极、广泛、有远见地追寻有价值有意义的语言学习。让学生通过多种渠道获得新知，从而提高英语素养。在

---

① 冯一粟，程中文.高职英语教学理论研究与实践探索[M].北京：高等教育出版社,2008.09.

信息化的时代,英语学习可以充分利用英语网络学习平台,拓展多样的学习渠道。如：art club,show time,我型我秀、Super Club 等课程设置,让学生在探索中发展学习、沟通、合作和处理问题等综合能力。

3. 自信(Confidence)式教学。课堂上,教师以饱满的教学热情感染学生,用高尚的职业精神鼓励学生,用过硬的专业素养塑造学生,用欣赏的眼光看待学生,用赞赏的话语鼓舞学生,帮助学生认识自我,发现自己英语学习上的天赋和优势。引导学生运用科学的方法学习英语,使学生对英语学习产生浓厚的兴趣。通过广泛的课程内容,如：英语 Party、群星我秀、头脑风暴、表演故事等英语课程激发他们的求知欲,夯实英语基础,强化他们的自信心。

4. 合作(Cooperation)式教学。小组合作学习提倡教师当好"导演",学生当好"演员"。这不仅减轻了教师的负担,同时也提高了学生学习的积极性与参与度,有利于和谐、民主、合作的师生关系的建立。在小组合作学习中,学生在异质学习小组中就教师所设计的问题开展活动,进行互帮互学,这有利于开发课堂中的人际交往资源,有利于建立全面完整的教学交往结构,并将生生互动提升到前所未有的高度,使学生有机会进行相互切磋,共同提高。小组合作学习要求学生向组内成员阐述自己的看法,这不但可以增加学生学以致用的机会,还可以增强他们对学习的兴趣,提高他们的学习能力,并使他们接受不同的观点,拓展他们的视野,促进其思维的发展。活动中人人认真准备、出谋划策、互帮互学、共同提高,小组合作学习不仅将学生个体间的学习竞争关系改变为"组内合作"、"组间竞争"的关系,还将传统教学中的师生之间单向或双向交流改变为师生、生生之间的多向交流,学生有更多的机会发表自己的看法,为他们提供一个较为轻松、自主的学习环境,提高了学生创造思维的能力,还将学生课内学习延伸到课外,使他们在参与学习的活动中得到愉悦的情感体验。[①]

5. 跨文化交流(cross-cultural communication)式教学。文化意识指对中外文化的理解和对优秀文化的认同,是学生在全球化背景下表现出的跨文化认知、态度和行为取向,为以后更有效的跨文化交流夯实基础。跨文化交际指本族语者与非本

---

① 刘雪梅.《走进毛泽东诗词　走近毛泽东》教学反思[J].课程教育研究,2013,(11)：47.

族语者之间的交际,也指任何在语言和文化背景方面有差异的人们之间的交际。由于不同的民族所处的生态、物质、社会及宗教等环境不同,因而产生了不同的语言习惯、社会文化、风土人情等语境因素。不同文化背景造成人们说话方式或习惯不尽相同,因此,在交流中,人们总喜欢用自己的说话方式来解释对方的话语,这就可能对对方的话语做出不准确的理解、推论,从而产生冲突和障碍。① 组织学生参加各类渗透跨文化交流的英语活动,能培养出他们的跨文化交流意识,让青少年走出只能依靠直接经验认识世界的时空思维局限,获得走进文化世界的工具,学会借助文化知识不断提升学习、探索、创造未来世界的能力。

语言是文化的载体,语言学习离不开对文化知识的习得,也离不开对语言承载文化背后的态度和价值观的分析与判断,即学生通过语言学习获得文化知识,在对语言和文化进行比较、分析、批判和评价的基础上发展逻辑思维、批判思维和创新思维,形成正确的文化认知、态度和判断力,坚定文化自信,树立正确的价值观念,做出正确的行为选择。文化知识的学习是通过感知与注意、获取与疏离、分析与判断、内化与运用、推理与论证、鉴赏与创造等一系列语言、文化、思维整合的活动实现的,学生从中汲取文化精华,涵养内在精神,形成良好的文化修养,坚定文化自信,树立人类命运共同体意识,思考人类面临的共同挑战,学会解决问题,做出行为选择。因此,语言学习必须是基于内容和意义的学习,而文化知识获得和跨文化意识的建构正是学科育人的内容基础。

(二)"5C课堂"的评价标准

1. 以潜移默化的形式使学生受到情感态度方面的教育,激发和培养学生对英语的兴趣,体现了以人为本的教育思想和理念。

2. 逐步形成良好的学习习惯和有效的自主学习策略和能力,培养学生自主学习、自我管理的能力。

3. 开阔学生视野,充分发挥了他们的潜能和学生的个性,不同层次的学生都有所得,并逐渐形成创造性思维的能力。②

① 秦赤军.跨文化交际与高职英语教学[J].河北职业技术学院学报,2007,(3):41—42.
② 付慧明.怎样在英语课堂应用教学评价[J].楚商,2019,(10)

二、提倡"体验学习法"，培养良好英语学习习惯

5C 英语学习，包括对英语学习的持续性学习兴趣以及积极主动的学习态度。从学习方面来说，首先是要养成良好的学习习惯。从教的方面来说，要注重学生学习方法的指导。主要体现：

(一) 指导学生学会"听"

语言学习，从听开始。我们教研组经过老师的经验分享与总结，从低年级到高年级制定出一套分阶段听力实施方法。从低年级的打卡宝贝、群星闪耀、到中高年级的 talk show, life club, 英音美韵等课程都对学生的"听"有侧重引导。

(二) 引导学生要多"说"

如何在英语课堂内外，引导学生大胆说，主动说。我校课程设置的美式学舌、talk show, act time, life club, 都在内容设置上引导学生多说、敢说。教师在课程实施中丰富教学内容，增加趣味性，打造学生表达个性的舞台，努力创设情境，让学生想说英语、愿说英语，并且整合教学内容开展游戏教学，真正给学生提供施展口语训练、思维交际的平台。

超模舞台学校将根据英语课程的实施方案，来创设一系列的 mini 吧：mini 秀场、mini 写作、mini 书法、mini 脱口秀、mini 演讲台等课程，利用课前五分钟，晨读二十分，微课群分享，校本课程展示等多渠道实现我校快乐并高效的英语课堂。

口语对话比赛设置在学校新近打造的两条英语长廊中，学生两人一组，一问一答，答不出即被淘汰。对话内容是英语教研组老师根据日常生活编写的常用对话，贴近生活，实用性强。"寻找最美朗读者"比赛，参赛选手饱满的精神、流利的口语、得体的身体语言，更能充分展现其较强的语言表达能力，是一个给学生锻炼自我、展示才华、张扬个性的舞台，激发了学生学习英语的热情和信心，提高了学生对学习英语、了解英语的兴趣，拓展了视野，进一步丰富了校园文化生活。

教师还安排一些短剧表演和游戏,短剧表演和游戏不仅给学生带来笑声,让学生轻松学习,还创造很多使用英语的好机会。在游戏中,学生可以接触到更多的知识,开阔视野。虚拟的和真实的情景,可以锻炼学生在特定语言背景中英语的运用能力,从而为学生的跨文化交际奠定良好的基础。

(三) 教会学生学会"写"

初中英语阶段,从低年级字母的正确书写,问候语、祝福语,以及语句,短文的正确书写。我校的英语教研组设置的书写达人、handwriting time、story time、art club都分阶段的侧重指导学生的书写能力。

(四) 鼓励学生要乐"读"

低年级学段鼓励学生张口读英语、跟着音频模仿读英语、同伴合作竞赛读英语,从乐读中培养学生学习英语的自信心。中高年级阶段,在乐读的基础上开始逐步引导学生培养阅读的能力,掌握有效的阅读技巧。在注意养成良好的阅读习惯的同时,也要提高阅读速度。我校开设的英语课程 art club、reading club、打卡宝贝、story time 都在鼓励学生乐读、善读方面。除了精彩纷呈的现场比赛,浓浓的英语节氛围也弥漫在学校的各个角落:班级"英语角"展示的英语谚语和名人名言;班级外墙上张贴了常用的英语问候语……这些无不彰显着滨江学子活动的热情,也为他们认识世界打开了一扇窗。开展"Art Club",提升学生跨文化理解能力,要让学生真正地全面了解英语国家的文化,教师也可以在课外通过多种渠道,多种手段来帮助学生吸收和体验外国文化。教师可以通过网络收集英语国家的物品和图片,借助多媒体展现给学生看,让学生了解外国艺术、历史和风土人情;通过看一些体现外国文化的电影、电视、录像,听一些当地简易的英语新闻,读一些体现英语文化的简易读本,让学生跟英语的使用零距离接触,给学生直观的感受,让学生耳濡目染,培养学生强烈的文化意识;还可以组织英语剧社、英语角等活动给学生创造更多形式的语言环境,加深对英语的实际运用。[1]

---

[1] 姜秀萍. 英语教学与跨文化意识的融入[J]. 中国科教创新导刊,2012,(3)

结合英语学科的跨文化意识的培养,我校将结合中西方文化点来开展不同性质的英语派对节。在坚持每日听读的基础上,每学期开展相对的主题派对:感恩寄语派对、复活手工派对、万圣服饰配对、圣诞节故事派对、中国传统节日秀场趴等,来创设良好的学习氛围,从而提高学生的国际视野。

(五) 启发学生要勤"思"

思,即思维品质。思维品质是个体的思维质量,英语是一门语言学科,中小学英语阶段,教师在平时的日常教学中要有主动培养和提升学生的英语思维能力的意识。我校开设的英语课程头脑风暴、烧脑时间,game club,其目的都在于启发学生勤思方面的能力提升。

三、"5c英语"课程的具体评价

(一) 评价理念

评价是英语课程的重要组成部分。科学的评价体系能促进学习方式的转变,促进学生认识自我、建立自信,促进学生综合语言运用能力的全面发展,促进教师不断提高教育教学水平。长期以来,教师以评价"结果"为目的,过分重视分数,把过多的时间用于考试题型的训练,使得学生把分数作为唯一的评判标准,不少学生在难堪的分数里看不到自己的进步,甚至有的学生对自己的成绩心灰意冷以致厌学。这种单一的终结性评价方式限制了学生对英语的运用能力的提高,忽视了学生的学习行为及其学习潜能的提高,无意中抹杀了学生学习英语的积极性。《义务教育英语课程标准(2011年版)》明确提出:建立能激励学生学习兴趣和自主学习能力发展的评价体系。这种评价体系就是要形成性评价与终结性评价相结合,既关注结果,又关注过程,使对学习过程和对学习结果的评价达到和谐统一。在评价时应关注学生综合语言运用能力的发展过程以及学习的效果,评价主体要体现多元化和评价形式的多样化。形成性评价是教学的重要组成部分和推动因素,其任务是对学生日常学习过程中的表现、所取得的成绩以及所反映出的情感、态度、策略等方面的发展做出评价,其目的是激励学生学习,帮助学生有效调控自己的学习过程,使学生获得成就感,增强自信心,培养合作精神。在教学过程中应以形成性评价为主,注重培养和激发学生的积极性和自信心。为了使评价有机地融入教学过程,应建立开放、宽松的评价氛围,以测试和非测试的方式以及个人与小组结合的方式进行评价,鼓励学生、同伴、教师和家长共同参与评价,实现评价主体的多元化。[①] 其中学生的自我评价,要求学生进行反思,肯定自己的进步、成绩与问题。

(二) 评价方法

　　结合英语学科特点,根据课程内容的不同,我校"5C"课程群评价分为：基础性评价、特色性评价、终结性评价。最终的评价等级依据各项评价等级进行评定,即A、B、C、D。具体参考见下表：

表 1 - 1 - 3　"5c 英语"课程质量评价表

评 级 内 容		评 价 等 级					
		过程性评价				综合性评价	
		A	B	C	D	生评	师评
基础性评价	课堂表现						
	听说方面						
	读写方面						
特色性评价	动手制作方面						
	玩演视听方面						
	思考练笔方面						
	成长笔录带						
终结性评价	口语表达 (成长记录袋,语言才艺展示)						
	语言知识和技能综合测试 (书写字母、单词、阅读理解)						

① 教育部.义务教育英语课程标准[M].北京：北京师范大学出版社,2012.01.

表 1-1-4　"5C 英语"课程基础性评价标准

形式	评价内容	评 价 标 准	评 价 等 级
基础性评价	课堂表现	1. 课堂纪律良好，认真听讲，发言大胆积极。 2. 从单词、课文朗读、对话表演等方面，小组活动中所体现出的合作精神、信息交流能力进行小组竞争评价。	每周统计一次，以量化表为准。对表现好的学生给予奖励，设"模仿"奖、"合作奖"、"纪律奖"、"参与奖"等，奖励一张奖状。以 A\B\C\D 为等级标准。
	读写方面	1. 作业完成认真，能按时书写并及时上交。 2. 作业干净、整洁、规范，无乱写、乱画情况。 3. 作业出现错误少或出现的错误能及时订正。	每周统计一次，共记 15 次，以量化为准。完成书面作业并干净、认真，得 A。按时完成，但是不太认真，得 B\C。不能按时完成，得 D。
	听说方面	1. 按时完成听读打卡作业，每周至少 3 次。 2. 按时完成配音，每周至少 1 次。 3. 按时上传小视频，每周至少 1 次。	以听读表为标准，完成一次听读作业得一个优，听读作业都完成，得 A；完成一半的，为 B；完成 ⅓ 的，为 C。基本没完成的为 D。期末依据听读表统计。

表 1-1-5　"5C 英语"课程特色性评价标准

形 式	评价内容	评 价 标 准 和 等 级
特色性评价	小报制作展评	◇ 小报设计图文并茂，句子书写工整正确，制作精良为 A； ◇ 小报设计图文并茂，但书写不工整或有个别错误为 B； ◇ 小报设计不太美观，书写有严重的语法错误为 C； ◇ 小报设计应付了事或未上交为 D。
	诗歌朗诵，扮演小品，短剧表演	◇ 每周按时完成得 A； ◇ 完成一半的，为 B； ◇ 完成 ⅓ 的，为 C； ◇ 基本未完成的为 D。
	英文书写达人展评	◇ 根据比赛成绩分为一、二、三等奖； ◇ 获得一等奖的为 A； ◇ 获得二等奖的为 B； ◇ 获得三等奖的为 C、D。

续　表

形　　式	评价内容	评价标准和等级
特色性评价	成长记录袋	◇ 装饰美观，内容每周一次，为 A； ◇ 装饰美观，内容少于整体要求的 2 次，为 B； ◇ 装饰美观，内容少于整体要求的 5 次，为 C； ◇ 应付了事或没完成，为 D。

终结性评价以考查学生的综合语言运用能力为目标，评价方式为口语测试及纸质测试。考察内容以"5C课程"课程中涉及的话题为主，测试内容采用随机抽签的方式进行。

1. 口语表达测试。五分钟准备时间，展示自己的成长记录袋及演说口头作文。抽取每个课程中涉及的一个话题，注意语言的组织及语言语调。

2. 语言知识和技能测试。设计考查学生语境下的语感和语用能力，通过听或看，获取、解读信息，根据要求完成任务的内容。

表 1-1-6 "5C 英语"课程终结性评价标准

形式	评价内容	评价标准及等级
终结性评价	口语表达测试：成长记录袋介绍；语言才艺展示。	A：展示时语音语调标准，朗读自然流畅，整体有 2 处以内错误； B：展示时语音语调较标准，朗读较流畅，整体有 3—5 处错误； C：展示时语音语调不标准，朗读不流畅，整体有 5—8 处错误； D：展示时语音语调极不标准，朗读极不流畅，整体有 8 处以上错误。该项成绩录入英语评价量化表中口语测试的语音语调一栏。
	语言知识和技能测试	A：能听懂有关熟悉话题的语段和简短的故事，能与教师或同学就熟悉的话题(如学校，家庭生活)交换信息。 B：能在所设日常交际情境中听懂对话和小故事，能用简单的语言描述自己或他人的经历，能表达简单的观点。 C：能听懂有关熟悉话题的陈述并参与讨论，能就日常生活的相关话题与他人交换信息并陈述自己的意见，能读懂相应水平的读物和报纸、杂志，克服生词障碍，理解大意，进一步增强对文化差异的理解与认识。

总之，"5C 英语"学科课程群从关注生命健康成长的角度，让教师与学生在轻松愉悦的氛围中享受课堂，让教师成为快乐的教育者，学生成为快乐的学习者，滨江学校英语人正在践行着"让每一个学生畅游英语世界"的教育诺言。

（撰稿人：徐丽霞　黄丹丹）

Smile 英语：让每个孩子快乐学英语

在学科核心素养培育的大背景下，我校的课程建设校本研究也在不断深入。为了适应时代发展的需要，体现英语学科的本质，推进并实施学校的课程规划，促进我校英语教师的专业发展，注重学生的全面发展和英语素养的培养。我校英语组基于多元智能理论基础，设置了"Smile 英语"学科课程体系。目前，我校英语学科教研组共有 3 名成员，其中江西省英语学科带头人 1 人，中小学二级教师 2 名。教研组以"面向全体学生、关注学生的学习体验、培养学生的终身学习能力"为目标，围绕学校提出的"微笑教育"发挥团队合力，致力于打造"Fly Your English, Light Your Life"的教研组文化。

第一节　立足微笑教育探究英语课程之理念

一、学科课程价值

社会生活的信息化和经济发展的全球化，使英语的重要性日益突出。英语作为最重要的信息载体，已成为人类生活各个领域中使用最广泛的语言。三十年来，随着改革开放的不断深入，我国在教育、经济等各领域与国际接轨的步幅愈来愈快。当今中国作为一个发展中的大国，与世界各国在经济、贸易等领域交流频繁，越来越多的外国工商企业与我国发生经贸往来，英语作为一门世界性的语言在国际交流中起到了举足轻重的作用。

二、学科课程理念

根据英语学科的特点，围绕学校"微笑教育"理念，学校英语组经过反复研讨，将学校英语学科群命名为"Smile 英语"，其中"S－M－I－L－E"每个字母代表着五个不同的英语学科素养大概念。

S－Success(成功)：学生在课程的学习过程中，树立自信心，关注自己的学习状态，体验学习的成功，增强学习的自我效能感。

M－Motivate(激发)：学生积极融入课堂，主动学习，通过丰富多彩的教学活动，激发学生自主学习的热情，培养其自主学习的能力。

I－Interest(兴趣)：学生乐于学习、乐于参与课堂及学科活动，对英语抱有兴趣，对自己的英语学习充满期待。

L－Light(点亮)：学生在多彩、多姿的英语学习中，感受英语学习的快乐，体验英语点亮生活的魅力。

E－Effect(高效)：学生在学习过程中自主学习、合作探究，思维得以飞扬、灵感得到激发，学习成效得到提高。

基于以上 S－M－I－L－E 五个字母的诠释，我们提出英语学科课程理念是：让每个孩子快乐学英语。

Smile 英语要求教师要面向全体学生，实施素质教育、以多种多样的教学活动激发学生学习的热情和兴趣，让他们拥有完整的学习体验；并引导学生进行自主学习，提升语言能力，塑造健全人格，为他们的终身学习奠定基础。

第二节　坚持以生为本确立英语课程之目标

《英语课程标准(2011 版)》中指出，义务教育阶段英语课程的总目标是：通过英语学习使学生形成初步的综合语言运用能力，促进心智发展，提高综合人文素养。综合语言运用能力的形成建立在语言技能、语言知识、情感态度、学习策略和文化意识等方面整体发展的基础之上。语言技能和语言知识是综合语言运用能力的基础；文化意识有利于正确地理解语言和得体地使用语言；有效的学习策略有利于提高学习效率和发展自主学习能力；积极的情感态度有利于促进主动学习和持续发展。这五个方面相辅相成，共同促进综合语言运用能力的形成与发展。[1]

　　基于核心素养对学生不同维度的要求,我校英语组以学生为本,以提高学生语言运用能力和发展学生的英语学科核心素养为指导思想,围绕"Smile 英语"课程群的大概念设计教学活动,以培养学生的综合语言运用能力,即从语言知识、语言技能、学习策略、文化意识、情感态度和学习策略五个目标来分层实现。

一、课程总体目标

(一) 语言技能

　　语言技能是语言运用能力的重要组成部分,主要包括听、说、读、写等方面技能的综合运用。小学阶段学生应能够根据指令做事情,能学英语儿童歌曲和歌谣 15 到 30 首,能够运用最常用的日常用语进行口头表达,并且做到发音清楚,语调基本达意。能在教师的指导下用英语做游戏并在游戏中进行简单的交际,并且在教师的帮助和图片的提示下描述或讲述简单的小故事。能够看图识词,能模仿范例写句子,并且在书写过程中,正确地使用大小写字母和常用的标点符号。能简单地写出问候语和祝福语,并且能根据图片、词语或例句的提示,写出简短的语句。在课堂每周 20 到 25 分钟的视听基础上,在教师的帮助下表演小故事或小短剧。

(二) 语言知识

　　学习者在小学义务教有阶段应该学习和掌握的英语语言基础知识包括语音、词汇、语法以及用于表达常见话题和功能的语言形式。小学阶段学生应能够正确读出 26 个英文字母,了解简单的拼读规则,了解单词有重音,句子有重读,了解英语语音包括连读、语调、节奏、停顿等。在日常会话中做到语音、语调基本正确、自然、流畅,并根据重音和语调的变化。能根据单词的音、义、形来学习词汇,初步掌握运用 400 个左右的单词来表达二级规定的相应话题。能理解和运用某些语言的表达形式来表达和运用。并且在实际运用中体会语法项目的表意功能。理解和运用问候、介绍、告别、请求、邀请、致谢、道歉、个人情况、家庭与朋友、身体与健康等功能语言。

---

[1] 教育部. 义务教育英语课程标准[M]. 北京:北京师范大学出版社,2012.01.

(三) 情感态度

　　保持学习者积极的学习态度是英语学习成功的关键。教师应在教学中不断激发并强化学生的学习兴趣,并引导他们逐渐将兴趣转化为稳定的学习动机,帮助他们树立自信心,锻炼克服困难的意志,认识自己学习的优势与不足,乐于与他人合作,培养和谐、健康向上的品格。小学阶段学生在英语学习中,应能够体会到英语学习的乐趣。敢于开口,表达中不怕出错误。乐于感知并积极尝试使用英语,积极参与各种课堂学习活动。在小组活动中能与其他同学积极配合和合作。遇到困难时能大胆求助,通过接触外国文化,增强祖国意识。

(四) 学习策略

　　学习策略指学生为了有效地学习和发展而采取的各种行动和步骤。在英语教学中,教师要有意识地帮助学生形成自己的学习策略。小学阶段学生应达到：积极与他人合作,共同完成学习任务。遇到问题主动向老师或者同学请教。会制定简单的英语学习计划,并且对所学内容能主动复习和归纳。在词语与相应事物之间建立联想。在学习中集中注意力,并且在课堂交流中,注意倾听,积极思考、尝试阅读英语故事及其他英语读物。积极运用所学英语进行表达和交流,注意观察生活和媒体中使用的简单英语,最终初步借助简单的工具书学习英语。

(五) 文化意识

　　语言有丰富的文化内涵。在教学中,教师应根据学生的年龄特点和认知能力,逐步扩展文化知识的内容和范围。小学阶段学生应达到：知道英语中最简单的称谓语、问候语和告别语;对一般的赞扬、请求等做出适当的反应;知道国际上最重要的文娱和体育活动;知道英语国家中最常见的饮料和食品的名称;知道主要英语国家的首都和国旗;了解世界上主要国家的重要标志物,如英国的大本钟等;了解英语国家中重要的节假日。最终使学习者在学习和日常生活中,能初步注意中外文化差异。①

① 教育部.义务教育英语课程标准[M].北京：北京师范大学出版社,2012.01.

二、课程具体目标

基于我校的课程理念和课程总体目标,确立我校的英语课程体系目标,来逐步实现对语言综合能力培养的总目标。我校三至六年级课程具体目标见下表:

表 1 - 2 - 1 "Smile"课程三至六年级具体目标描述

年级	语言技能	语言知识	情感态度	学习策略	文化意识
三年级	1. 能听懂教师课堂英语指令。 2. 能在教师指导下进行简单的交际。 3. 能够正确听说读写26个字母。 4. 能够唱英文歌曲或者歌谣15首。	1. 了解字母的不同字体(牛津体、手写体、印刷体)。 2. 知道单词是由字母组成的。 3. 了解元音字母在单词中的发音规律。	1. 享受英语学习过程,并在学习中生动地用英语进行表达。 2. 喜欢学英语,乐于参与课堂的英语活动。	1. 对所学习内容开始尝试进行复习和归纳。 2. 在课堂交流中,学会注意倾听,认真思考。 3. 合作制定简单的英语学习计划。	知道英语最简单的问候语、称谓、告别语。对一般的赞扬、请求、道歉等做出适当的反应。
四年级	1. 能对教师课堂的英语指令做出相关反应。 2. 能够主动进行英语口语交际。 3. 熟练记忆所学单词,并模仿例句举一反三进行造句。 4. 能够唱英文歌曲或者歌谣30首。	1. 了解字母组合在单词中的发音规律。 2. 会根据单词的音、形、义来学习词汇。 3. 知道人称代词的正确表达方式及运用。 4. 了解名词复数形式的一般变化规则,并能简单运用。	1. 享受英语学习过程,并在学习中主动用英语进行表达。 2. 能在小组活动中积极与他人合作,相互帮助,完成任务。 3. 遇到问题能主动请教,并且克服困难。	1. 对所学习内容主动进行复习和归纳。 2. 在课堂交流中,学会注意倾听,认真思考在学习中集中注意力。	1. 知道世界主要英语国家的国旗、国歌。 2. 知道各个国家典型的食品和饮料的名称。

年级	语言技能	语言知识	情感态度	学习策略	文化意识
五年级	1. 能够简单写出问候语和祝福语。能根据图片或者关键词的提示写出简短的语句。 2. 能够唱英文歌曲或者歌谣30首。 3. 能在教师的指导下表演小故事。	1. 了解并区分人称代词和形容词性物主代词、名词单复数形式和名词所有格等。 2. 掌握五年级话题范围的400到500单词以及40个左右的习惯用语。 3. 现在进行时和一般现在时的理解和正确运用。	1. 保持英语持续性学习的兴趣，乐于接触英语歌曲和读物。 2. 能在英语交流中注意和理解他人的情感。	1. 在课堂交流中注意倾听、积极思考。 2. 尝试阅读英语故事及其他英语课外读物。 3. 积极运用所学英语进行表达和交流。	1. 知道世界上重要的节日、文娱和体育活动。 2. 了解主要英语国家的重要标志物，如巴黎的埃菲尔铁塔。
六年级	1. 能够熟练写出问候语和祝福语。能根据图片或者关键词的提示写出50到60个单词的短文。 2. 能够唱英文歌曲或者歌谣40首。 3. 能在教师的指导下表演小故事或者小短剧。	1. 了解并掌握英语语音包括连读、节奏、停顿、语调等现象。 2. 掌握六年级话题范围的600到700单词以及50个左右的习惯用语。 3. 一般过去时、一般将来时的理解与运用。	1. 继续保持对英语的学习兴趣，并在生活中接触英语时，乐于探究其含义并尝试模仿。 2. 对祖国的文化有更深刻的了解和探究意识。	1. 学习中注意力集中、持续保持对英语学习的兴趣。 2. 课堂上积极思考，主动交流表达所学知识。 3. 有意识观察生活或者媒体中使用的英语。 4. 能初步借助简单的工具书或者网络资源学习英语。	1. 知道英语国家的重要节日。 2. 在学习和日常交际中，主动探索中外文化异同。

第三节　瞄准课程目标开发英语课程之资源

　　结合我校的具体校情、学情、生情，从学生的年龄特点及需求出发，基于课程标准和教材内容，适当的拓展延伸，在三到六年级系统开设了 20 门英语课程。

一、"Smile 英语"课程结构

　　英语课程的学习既要使学生掌握一定的语言基础知识和基本技能、建立初步的语感、获得基本的语言运用能力；又要培养其爱国主义精神、增强世界意识、使学生初步形成健全的人格、为学生的可持续发展打下良好的基础。我校英语课程从听说读写看[①]、文化探究与学习实践出发，分为 Super English、Magical English、Intelligent English、Lively Reading Bar、Enjoy English 五个板块进行建构。

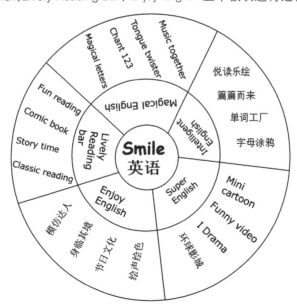

图 1-2-1　"Smile 英语"课程结构图

---

① 杨扬. 新时期中学英语教学模式的变革及其趋势研究[J]. 中国教育技术装备,2011,(10)：13—14.

二、"Smile 英语"课程设置

表 1-2-2　"Smile 英语"课程设置表

课　程	Super English	Magical English	Intelligent English	Lively Reading Bar	Enjoy English
三年级	Mini Cartoon	Magical letters	字母涂鸦	Fun reading	模仿达人
四年级	Funny video	Chant 123	单词工厂	Comic book	声临其境
五年级	环球影院	Tongue twister	篇篇道来	Story time	节日文化
六年级	I Drama	Music together	悦读乐绘	Classic reading	绘声绘色

表 1-2-3　"Smile 英语"年段课程具体设置表

课程	Super English	Magical English	Intelligent English	Lively Reading Bar	Enjoy English
三年级	Mini cartoon 三年级的孩子刚刚接触英语,安排短时高频的 Mini cartoon 课程旨在通过鲜活有趣的英文动画吸引孩子们的注意力,帮助培养孩子学习英语的兴趣和培养语感。	Magical letters 三年级的孩子刚刚接触英语,对英语有着浓厚兴趣。他们好奇心强,爱探索,爱动手。字母的学习是英语学习的基石,教师从英语字母入手,带领孩子们学习 letter name 和 letter sound 配以字母歌、字母操、字母手工、字母画的活动形式,变枯燥的字母学习为生动、活泼、有趣的学习,为孩子们继续学习英语增强信心。	字母涂鸦 通过三年级字母的整体学习,结合字母歌、字母操的输入,配以字母画的形式进行巩固加强字母的学习。通过有趣的字母画孩子能够对字母进行再加工,进一步提高英语学习的兴趣。	Fun reading 通过阅读一些有趣的图片类小故事、小对话等,帮助学生在适当的情境中认识英语并进一步理解英语。	模仿达人 通过观看一些经典、简单的卡通小片段,在老师的指导下,模仿人物的语气语调进一步提高英文表达能力。

续　表

课程	Super English	Magical English	Intelligent English	Lively Reading Bar	Enjoy English
四年级	Funny Video 英语学习需要保证大量的听读输入,学习效果才有可能事半功倍。 在三年级课程基础上通过video的学习,将英语与生活情境相连接,建立初步的语言运用能力。	Chant 123 英文chant朗朗上口、好记易背。通过贴近学生生活的有趣chant,再配以简单的动作让学生在唱的时候动起来、演起来、乐起来。	单词工厂 单词工厂旨在采取图画的形式帮助学生感知、分析、记忆、运用单词。英语课程标准指出:要让学生能够根据单词的音、形、义来学习词汇。画画是小学生乐于做的事情,采取单词画的形式让学生对单词的音、形、义有更好的理解。	Comic book Comic book是由很多图片构成的小故事,选择符合学生认知特点的Comic book有助于培养学生英语阅读的兴趣和习惯。	声临其境 声是声音的声,通过对卡通或者经典片段进行配音,以语境带动语用的体验,在理解的基础上,通过听、看、模、练、配等环节。激发学生说的欲望,同时体现英语学科的工具性和人文性。
五年级	环球影院 通过观看、欣赏英文影片,输入纯正的英文,不仅能接触地道的英文、扩大词汇量、开阔眼界,更能够从中感知中西文化异同、思维方式等,进一步培养学生的英文思维能力和表达能力。	Tongue twister 绕口令凭借独特的语言艺术形式,巧妙的结构,深受学生们喜欢。绕口令文字简练,节奏感强,有韵味,学生们通过绕口令的练习既可调动学习的积极性又可促进语音语调的学习。	篇篇道来 篇篇道来即在老师的指导下尝试写小作文并配图,该年级学生经过二年的英语学习,对字、词、句、篇章的理解已经有一定的水平,可通过配图小作文增添英语写作的趣味性、了解英语思维的方式、培养学生用英语思维的能力,提高学生的英语综合语言运用能力。	Story time 英语课程标准指出要让学生保持持续性的英语学习兴趣,乐于接触英语读物。通过阅读Story time有助于持续培养学生的英语学习能力和英文思维。	节日文化 义务教育英语课程标准2011版指出:语言有丰富的文化内涵,在教学中,教师应根据学生的年龄特点和认知能力,逐步扩展文化知识的内容和范围,帮助学生拓展,使他们提高对中外文化异同的敏感性和鉴别能力,进一步提高跨文化交际能力。而节日文化是人类文化中必不少的部分。以节日为载体,培养学生的跨文化意识,是英语教学的重

课程	Super English	Magical English	Intelligent English	Lively Reading Bar	Enjoy English
					要组成部分，因此通过让学生收集西方节日的图片、背景知识来了解西方节日的风俗，通过制作节日贺卡，张贴节日小报，编制节日小手工等一系列活动，让语言与文化进行融合，丰富孩子们的语言世界。
六年级	I Drama 戏剧类课程以儿童剧和情景剧为主，通过有情景的对话或故事，配以恰当的文字，锻炼学生口语和表达能力。通过戏剧课激发学生表达的激情和欲望，为其综合语言运用能力打下良好的基础。	Music together 英语课程标准二级目标指出：学生在二级应当能够唱英文歌曲或者歌谣 35 首。儿童的英语学习离不开英语儿歌，童谣、英文歌曲的学习。爱唱，爱玩、爱演是孩子们的天性。学唱并表演一些简单的经典的英语儿歌、童谣可以激发孩子们学习英语的兴趣，培养孩子良好的语感。让孩子们在不经意间模仿语言的声调、降调、连读、弱读等，从而加强孩子的语言表现力。	悦读乐绘 该年级学生经过三年的英语学习的字、词、句、篇章的理解已经有一定的水平，英语的思维也正在形成。从字母画、单词画、再到作文画。水平较高的孩子还可以小组合作，制作出英语小绘本。这一系列的活动旨在培养学生的英语思维的多样性和小组合作能力，提高学生的英语综合语言运用能力。	Classic reading 学生在经典名著阅读中可以提升学习英语的兴趣，有效促进世界观和价值观的形成，提高读写能力，为终身阅读能力打下基础。	绘声绘色 通过听、做、说、唱、玩、演等方式，让学生在学习故事中学会英语，并用英语进行交流，由此逐渐培养学生英语学习兴趣和外语交际能力，让学生大胆表达自己对故事的真实感悟，在真实的交流中体会语言魅力。

第四节　利用多样形式挖掘英语学习之潜能

英语学科课程创设应彰显英语课程的趣味性、人文性、工具性、实用性的原则。我校开展了欢动、灵动、高效的 Smile 英语课堂、的英语课程,从而培养学生综合语言运用能力。

一、建构"Smile 课堂",有效实施学科课程

(一)"Smile 课堂"实施的基本要求

1. 创设情境,激发兴趣。在教学实践中,教师在备课时要立足学生已有的经验,充分考虑学生的兴趣,根据教学内容,挖掘教学资源,创设真实的语用情境,让学生亲身参与体验语言,以此调动学生的学习热情。

2. 活动导向,增长能力。教师在教学实践中,应该避免单纯传授语言知识的教学方法,尽量采用"任务型"的教学途径。创造性地设计贴近学生实际的教学活动,吸引和组织他们积极参与。学生通过思考、调查、讨论、交流和合作等方式学习和使用英语,在完成任务的过程中获得各种能力的成长。

3. 丰富资源,拓展延伸。教师在教学实践中,应有计划地组织内容丰富、形式多样的英语课外活动,如朗诵、唱歌、讲故事、演讲、表演、英语角、英语墙报、主题班会和展览等。同时教师要善于诱导,保护学生的好奇心,培养他们的自主性和创新意识。[①]

4. 乐学善思,教有所成。教师在教学实践中,应积极创造条件各种活动,要善于诱导,保护学生的好奇心,启发、引导他们更广泛地学习英语的相关知识。

(二)"Smile 课堂"的评价要求

我们从三个着眼点来思考"Smile 课堂"的评价。

---

① 刘锋.组织生动活泼的课外活动　促进学生的英语学习[J].文教资料,2006,(2):160.

1. 英语课堂，学生主体。新课标明确提出："提倡转变学生的学习方式，培养学生主动参与、乐于探究、交流合作的学习态度"。在教师的系列课堂活动的安排与引导下，以学生为主体，创设各种情境提倡学生自主学习；采取各种教学手段激励学生主动学习，并养成良好的英语学习习惯。

2. 英语课堂，教学相长。教学是教师与学生的双边活动，教师要依据教学内容，精心安排好教学过程，创设好每个教学情境，把知识的探究学习置于诙谐幽默的气氛中。教师用"诙谐幽默"的教育方式让学生欢快的学习，体现了教师"教"和学生"学"的和谐统一；使课堂教学成了一个和谐的教学共同体。

3. 英语课堂，思维迸发。新修订的《高中英语课程标准(2017年版)》要求英语课程具有重要的育人功能，旨在发展学生的语言能力、文化品格、思维品质、学习能力等英语学科核心素养。这就要求 Smile 英语课堂必须是"思维引领的课堂，学生乐学善思；思维碰撞的课堂，学生主动参与；思维飞扬的课堂，学生自主探究"。教师应努力给学生搭建创造思维的舞台，让他们拓展出无限的思维空间。

表 1-2-4 "Smile 课堂"评价表

项目	赋分	评价指标及权重		得分
教师素质	10	1. 教师能用英语组织教学，且语言规范、得体，语速适中。	3	
		2. 教态亲切自然，善于与学生建立感情。	2	
		3. 善于驾驭课堂，即活而不乱，有序而不呆板，教学机智灵活，处理突发事件有效。	5	
教学目标	15	1. 能根据课程标准要求和学生实际情况，把握本课的教学目标。	8	
		2. 对本课的语言知识和语言技能目标能做到明确、具体。并注意对已有知识的滚动复习。	6	
		3. 能够激发学习兴趣，培养学习情感，发展学习能力，培养跨文化交际能力。	6	
教学设计	10	1. 处理教材有整体性并创造性的使用教材。教学重点突出、难点化易。充分开发并有效利用教学资源。	3	
		2. 教学步骤严谨有序，符合学生认知规律。能够在控制容量和难度的前提下展示课堂活动的精彩设计。	5	
		3. 教案编写规范、具体，实用性强。教具、材料便于操作。	2	

续　表

项目	赋分	评 价 指 标 及 权 重		得分
课堂 沟通	10	1. 建立平等、宽松、民主的师生关系。	2	
		2. 能够鼓励和引导学生积极大胆参与各项课堂活动,走下讲台,适时给予指导。	4	
		3. 积极促成全体学生的有效交流和默契配合。	4	
课堂 互动	10	1. 充分发挥教师指导,学生主体的作用,教师能有效指导学生活动。	5	
		2. 正确调控教师和学生的话语比例(约为3∶7)。	3	
		3. 师生互动模式多样,体现语言的实践性和操作性,培养学生合作精神,能够谋求独特创意。	2	
教学 过程	15	1. 教学过程中每一教学环节都与教学目标统一。活动设计紧扣本环节教学目标,形式活泼,层次合理,组织有序。	5	
		2. 能显示学生对新语言项目的学习过程以及教师的引导。	5	
		3. 教学思路清晰,各环节过渡自然无痕。	3	
		4. 根据学生表现及课堂实况合理安排及时调整教学时间。	2	
教具 使用	10	1. 能够创造性的使用板书、挂图及其他常规媒体形式,并能表现独创性。	4	
		2. 能够结合教学情况合理使用现代教育技术,并能表现独创性。	6	
过程 评价	10	1. 能够滚动推进过程评价活动,并能恰当使用评价工具。	4	
		2. 能够准确、多样、有效地使用评价语言。	3	
		3. 实施多元化评价,组织和引导学生参与自主与合作评价活动。	3	
教学 效果	10	1. 能够按照预定的教学计划进行,通过提问、练习以及课后检测,反映学生达到预定教学目标。	4	
		2. 教学过程中,学生的学习热情高,思维活跃,积极参与教学活动。	2	
		3. 不同层次的学生都有所得。	4	

表 1-2-5　"Smile 英语"课程群评价表

定量评价	笔试 (100分)	三年级、四年级：听力＋笔试(40%＋60%)	
		五年级、六年级：听力＋笔试(30%＋70%)	
	阅读 (5分)	熟练朗读或背诵。(1分)	
		语音，语调正确，节奏感较强。(2分)	
		吐字清晰，表情自然。(2分)	
	口语交际 (5分)	语音，语调正确。(1分)	
		吐字清晰，表情自然，肢体语言形象、生动。(2分)	
		能恰当地运用语言材料，在虚拟的情景中进行交流，语言流畅。(2分)	
定性评价	语言表达 (5分)	语音，语调正确。(1分)	
		吐字清晰，表情自然，肢体语言形象、生动。(2分)	
		能恰当地运用语言材料，在虚拟的情景中进行交流，语言流畅。(2分)	
	情感态度 (5分)	积极参与平时学习中的提问，回答，交流，讨论。(1分)	
		大胆回答问题，自觉遵守纪律。(2分)	
		作业认真，包括听，说，读，写。(2分)	
班级		姓名　　　　　　　　　总分	

二、树立良好的学习意识，培养良好英语学习习惯

学习习惯是长时期逐渐养成的、一时不容易改变的学习行为方式和行为倾向。学习习惯的好坏对学习效果有着重要的影响。义务教育阶段英语课程的目的之一是"帮助学生养成良好的学习习惯"。

(一) 培养学生"多听"的习惯

听是口头接受信息的能力。一方面教师要培养学生认真听讲的习惯，要帮助学生认识课堂 40 分钟的重要性，努力做到当堂巩固所学知识。当然，作为教师也需要不断改革课堂教学模式，创设生动活泼的教学情景，激发学生学习兴趣，使他

们坐得住,听得进。① 另一方面,培养学生听的习惯还需给学生提供更多听英语的机会。

(二) 培养学生"敢说"的习惯

英语作为交际工具,开口说是最基本的要求。这要求学生学英语要达到"拳不离手,曲不离口"的要求,坚持每天大声说英语。培养学生说的习惯可以从简单地用英语打招呼做起,在课堂上,试着让学生做自我介绍并用英语轮流作值日报告,经过一段时间的强化训练,也就形成了一种说英语的习惯。

(三) 培养学生"善读"的习惯

古语云:"书犹药也,善读可医愚",阅读是伴随人一生成长的活动。英语学习也从来离不开阅读,通过阅读,能不断丰富学生的词汇量,帮助学生了解更多的语言知识。在培养学生英语阅读习惯方面,我主要做了以下几点:阅读形式多样化,通过齐声朗读、分角色朗读、男女生分读、分小组读、教师或录音领读、默读等形式朗读英语②;通过阅读教材配套的英语故事、原版绘本故事等品读英语,丰富学生的精神世界,同时渗透阅读技巧的指导,为学生的终身阅读奠定基础。

(四) 培养学生"勤写"的习惯

在听、说、读的基础上,还要落实到写,多练习写能够加深对单词和句子的理解掌握。良好的基本书写习惯,应该从学生三年级初学英语 26 个字母时就加强指导训练。从字母的笔顺及其在三格中的位置到字母大小写、标点符号、单词间距都要对学生作出严格的、明确的要求,只有这样,才能帮助学生写出一手漂亮的英文书法。英语写作可以从学写英语日记做起,也可以是给笔友写一封信,或命题小作文,通过这些练习,加深了学生对课文内容的理解,也培养了学生的写作习惯。

---

① 王若曦.良好学习习惯对高中英语学习的重要性[J].人生十六七,2016,(32):35.
② 许兰英.浅谈学生学习习惯的养成[J].文摘版(教育),2016,(5):5.

(五) 培养学生"善思"的习惯

　　思维和语言的关系十分密切。思维方式的不同常常决定了语言的表达方式不同。[1] 小学英语阶段,教师在平时的日常教学中要主动培养学生明辨善思的习惯,提升学生英语的思维能力。

三、建设"Smile 英语活动类课程",全面丰富课程内容

(一) Smile 英语戏剧类课程

　　1. 什么是"Smile 英语戏剧类课程"? 戏剧是对生活的模拟,是一种非常综合的艺术形式,融合了包括演讲、聆听、表情、肢体、美术、音乐、团队配合等多种元素,是滋养感受、锻炼表达的极佳途径。

　　结合我校英语课程 I Drama,将英语学习与戏剧融合符合孩子热爱角色扮演、爱玩爱闹的天性。通过戏剧教学给学生营造生活的情景、教育的氛围,在既定的语言环境中,潜移默化地渗透了爱国爱家、尊老爱幼的传统美德,同时也很好地激发学生学习英语的激情和兴趣。

　　英语戏剧课程中的英语童话剧和情景剧作为儿童锻炼口语和表达能力的途径,孩子在不知不觉中练习了口语,其想象力、创造力、协作性、主动性也得到了发展。借着戏剧的引导,帮助孩子学会在不同情境下,不单只是用我们母语,还能更自然地使用英语来表达情绪、彰显思想。最为突出的是,英语戏剧课程内容还涵括了生命成长教育和价值教育的理念,让孩子学会认识世界、认识社会、接纳自己,让生命健康成长! 这恰好符合我们对学生核心素质的培养。

　　2. "Smile 英语戏剧类课程"实施策略。孩子在家里(自己,或者与父母)课堂上(小组合作)课下(小组对文本,排演讨论)操练英语戏剧。

　　(1) 通过"家庭影院,家庭剧场"观赏经典戏剧,培养孩子的审美能力。学生通过在家里对课文的自编自导,拍摄视频上传班级 QQ 群里,达到展现自己、突破自我、提高自信的目的。

　　(2) 借助"班级剧场",让学生观看,学习经典戏剧,并进行讨论,培养孩子批判

---

① 王若曦.良好学习习惯对高中英语学习的重要性[J].人生十六七,2016,(32): 35.

性思维。英语课堂上的"班级剧场"也为孩子提供了更大表演戏剧的舞台,让孩子从家里的表演走上课堂,正确认识自我。

(3) 借助"英语节、儿童节、其他访问日",让学生把所学到英语,以戏剧的形式在六一节、英语节、各类比赛中展演出来。"绿色"英语剧场由儿童担任演员,在家里、课堂上,在学校英语节、儿童节等剧场让学生从参与戏剧学习中得到应有的认知,以儿童剧展的方式呈现阶段性成果是对学生语言的表达、行为举止、团队精神、创新精神、责任意识。这能极大的鼓励孩子,激发孩子的英语学习自信,提高英语学习兴趣。[①]

(4) 举办"Smile 英语戏剧"大赛,英语戏剧表演大赛旨在调动同学们学习英语的积极性,浓厚校园英语文化气氛,提升我校学生英语综合素质。

表 1-2-6　"Smile 英语戏剧"大赛评价表

考评范围	考 评 标 准	单项总分	得分	姓名	姓名	姓名
选材内容	内容充实,结构清晰,完整,有新意	20				
语音语调	发音正确,清楚,表达自然	20				
服装、道具	表达流畅,语速适中	20				
交流能力	反应敏捷,正确,能够恰当地与他人沟通	20				
整体表现	表现力强,有较好的台风和生动的肢体语言	20				
总得分						

(二) 开设 Smile 英语 Reading Bar,创设阅读氛围,培养英文素养

1. 指导思想

小学阶段开设英语课程的目的,是培养学生学习英语的积极情感,形成初步的

① 王于文.小学英语戏剧课程的开发和实践①[J].读天下,2018,(7)

英语语感，为其打好语音、语调基础，最终使学生具备初步的用所学英语进行交流的能力。教师应具有以学生发展为本的思想、以学校长远发展的眼光来对待英语教学以适应社会[①]、时代的需求。

2. 总目标

通过大量的英文阅读，激发学生学习英语的兴趣；引导学生在阅读中注重积累，学会提取信息、发展自我；最终获得综合语言运用能力及英文素养的提升。

3. 方法指导

(1) 提供语言感受，重视输入。对于首次呈现的故事素材，教学中要给学生尽可能多地提供感受语言的机会。教学中可以通过教材上的故事连环画，根据故事内容制作的动态课件，教师声情并茂的表演和体态语言等多种输入方式，使得学生运用多种感官，如用眼、用耳、用脑等来感受故事的情景和内容。与此同时学生会积极地接收各种信息、发现事实、发现问题，如生疏的词语，进而逐步形成通过整体接受事实领会故事概要的能力；根据感受到的相关信息猜测、推测生疏词语和解决问题的能力；逐步养成认真观察、仔细聆听、积极思索发现等积极学习的态度和良好的语言学习习惯。

(2) 要紧扣故事素材，强调理解。理解过程采取由表及里、从易到难的方式，要有层次性。例如：可以先引导学生看故事的插图和故事的标题，要求他们能预测故事的大意；再让学生看图听录音或教师表演，要求他们能弄清故事中的人物以及人物之间的关系；再让学生边看边分节听故事的录音，要求他们能选择判断哪幅图表现这段录音的情节；最后组织学生看图整体听故事录音，要求他们能回答有关理解性问题等等。[②] 分层次理解故事的方式或活动力求多样，另外对学生的表现要及时评价，这样有助于树立他们学习的成就感和自信心。

4. 保障措施

(1) 创设阅读氛围。建立班级英语角及其他学习阵地。可以向学生征集英语方面的课外书籍，让学生将书带到教室，方便学生进行课外阅读。充分利用教室内

---

① 马广明,刘羡华,郑信鑫,戴奇志,方文林.四方丛书　以创新视野涵育专家型名师　深圳盐田实践 [M].上海：上海教育出版社,2015.10.

② 程晓堂,刘兆义.新课程远程研修　小学英语[M].上海：华东师范大学出版社,2008.06.

外的橱窗、黑板报、手抄报等阵地展示经典佳句,展示学生的阅读成果,营造诵读的氛围。①

(2)指导阅读方法。帮助学生制订课外读书计划,指导课外读书方法,组织学生开展形式多样的阅读交流活动,对不喜欢读书的学生,要特别关注,经常引导、鼓励、熏陶、点拨。教师自身也要以身作则,不仅对"必读书"要熟悉,还要拓展阅读面,多读书,好读书。

表 1-2-7　"smile 英语"课程英文阅读反馈表

Title(书名)		Writer(作者)	
Date(时间)		Reader(阅读者)	
New Words (生词及汉语意思)			
Summary (故事大意,可以画出来)			
Think (读后的感想) Or Best part (你觉得最有意思的部分)			
推荐星级	(请涂红色)☆☆☆☆☆		

总之,我们将结合英语学科核心素养、围绕"Smile 英语"学科课程群,激发和培养学生的英语学习兴趣,让学生对学习充满信心;以学生为中心,关注学生的学习状态、因材施教,变被动学为主动学,变要我学为我要学,变苦学为乐学;同时持续不断地发展学生的各种能力,逐步提高其综合语言运用能力,落实学科核心素养。

(撰稿人：熊媛君　熊妮娜)

---

① 季芳.花开无声书香致远[N].徐州:徐州日报,2019.03.08.

第二章

大 情 境

搭建生活与教材联系的载体

大情境是整合性的真实情境，是贴近孩子既有经验且符合其当下兴趣的特定环境。通过创设与学习、生活密切相关的真实情境，让孩子在情境分析中，开展探究活动，展开深度思维。大情境搭建了孩子所处日常生活实践与学校课程学习之间的桥梁，将分散、零碎的语言点融入精心创设的大情境中，形成一个整体，赋予学习活动以意义。大情境有利于创设一个孩子相对熟悉的环境氛围，让孩子在以真实问题和现实情境为载体、彼此关联的经验活动和学习共同体中进行意义建构①，促进核心素养的形成。

---

① 杨向东.如何基于核心素养设计教学案例[N].北京：中国教育报,2018.05.30.

枫杨英语：以树为境，茁壮成长

南昌市邮政路小学教育集团是一所百年老校，以"百年名校、百年树人"为宗旨，鲜明提出"一棵树、一片林"的办学愿景，发扬"坚韧不拔，昂扬向上"的学校精神。校园里那棵历经沧桑却依然傲然挺立的百年枫杨，见证了学校蓬勃发展的奋起之旅，学校英语教研组教研组现有英语教师 8 人，其中小学一级教师 6 人，二级教师 2 人，她们秉承"树人"的教学理念，围绕学校提倡的"树心根"立德树人的教育理念来发挥团队合力，创建了"枫杨英语"学科课程群。

第一节　追寻"枫杨"之价值理念

一、学科价值观

《义务教育英语课程标准(2011 年版)》指出：英语课程要培养学生实际语言运用能力，强调课程从学生的学习兴趣、生活经验和认知水平出发，倡导体验、实践、参与、合作与交流的学习方式和任务型的教学途径，发展学生的综合语言运用能力，使语言学习的过程成为学生形成积极的情感态度、主动思维和大胆实践、提高跨文化意识和形成自主学习能力的过程。[①]

基于以上认识，我们认为小学基础教育阶段英语课程的价值是：英语课程的学习，既是学生通过英语学习和实践活动，逐步掌握英语知识和技能，提高语言实际运用能力的过程；又是他们磨砺意志、陶冶情操、拓展视野、丰富生活经历、开发思维能力、发展个性和提高人文素养的过程。小学基础教育阶段英语课程的任务

---

① 李芳,李海鸥.新课程教学改革策略　小学英语教学设计及评析[M].北京：新华出版社,2018.06.

是: 激发和培养学生学习英语的兴趣,使学生树立自信心,养成良好的学习习惯和形成有效的学习策略,发展自主学习的能力和合作精神;使学生掌握一定的英语基础知识和听、说、读、写技能,形成一定的综合语言运用的能力;培养学生的观察、记忆、思维、想象能力和创作精神;帮助学生了解世界和中西方文化的差异,拓展视野,培养爱国主义精神,形成健康的人生观,为他们的终身学习和发展打下良好的基础。①

二、学科课程理念

围绕我校"心向阳光　根深叶茂"的教育理念,学校英语组针对学科特点,整合了基础性课程和具有邮小特色的拓展式课程,让每一个学生在英语学科这颗枫杨树上有所收获。学生是具有内在学习潜能的,而其潜能的开发是有赖于学生的信任和理解。能够帮助教师拓展英语学习空间,建立一个开放式的教育系统,为学生思考,探索,发现提供一个更多,更好的平台,尤其是从课堂的学习空间拓展到课外的生活空间,校园学习空间拓展到家庭生活,社会实践,让学生接受立体型、全方位的学习与教育。总之学生的教育是未来的教育,终生的教育,把学生学习品质的提高和终生学习能力的培养作为课程重心,把质的发展作为人的可持续发展根本。通过拓展教学内容,教学空间,教学手段,教学评价,开发和整合课程资源、构建适应学生学习的综合课程。

第二节　规划"树人"之课程目标

义务教育阶段的英语课程具有工具性和人文性双重性质。就工具性而言,英语课程承担着培养学生基本英语素养和发展学生思维能力的任务,即学生通过英语课程掌握基本的英语语言知识,发展基本的英语听、说、读、写技能,初步形成用英语与他人交流的能力,进一步促进思维能力的发展,为今后继续学习英语和用英

① 邵静.小学英语课堂中的"小先生制"[J].生活教育,2011,(19): 81—83.

语学习其他相关科学文化知识奠定基础。就人文性而言，英语课程承担着提高学生综合人文素养的任务，即学生通过英语课程能够开阔视野，丰富生活经历，形成跨文化意识，增强爱国主义精神，发展创新能力，形成良好的品格和正确的人生观与价值观。工具性和人文性统一的英语课程有利于为学生的终身发展奠定基础。

一、语言技能

语言技能是语言运用能力的重要组成部分，主要包括听、说、读、写等方面的技能以及这些技能的综合运用。听和读是理解的技能，说和写是表达的技能。它们在语言学习和交际中相辅相成、相互促进。学生应通过大量的专项和综合性语言实践活动，形成综合语言运用能力，为真实语言交际打基础。因此，听、说、读、写既是学习的内容，又是学习的手段。语言技能标准以学生在某个级别"能做什么"为主要内容，这不仅有利于调动学生的学习积极性，促进学生语言运用能力的提高，也有利于科学、合理地评价学生的学习结果。

表 2-1-1　"枫杨英语"各年级分级标准

年级	技能	语言技能标准描述
三年级	听做	1. 能根据听到的词句识别或指认图片或实物。 2. 能听懂课堂简短的指令并做出相应的反应。 3. 能根据指令做事情，如指图片、涂颜色、画图、做动作等。
	说唱	1. 能根据录音模仿说话。 2. 能相互致以简单的问候。 3. 能相互交流简单的个人信息，如姓名、年龄等。 4. 能表达简单的情感和感觉，如喜欢和不喜欢。 5. 能根据表演猜测意思、说出词语。
	读写	1. 能看图识词。 2. 能在指认物体的前提下认读所学词语。 3. 能在图片的帮助下读懂简单的小故事。 4. 能正确书写字母和单词。 5. 能模仿范例写词句。

续　表

年级	技能	语言技能标准描述
四年级	听	1. 能借助图片、图像、手势听懂简单的话语或录音材料。 2. 能听懂简单的配图小故事。 3. 能听懂课堂活动中简单的提问。 4. 能听懂常用指令和要求并做出适当的反应。
	说	1. 能在口头表达中做到发音清楚,语调基本达意。 2. 能就所熟悉的个人和家庭情况进行简短对话。 3. 能运用一些最常用的日常用语(如问候、告别、致谢、道歉等)。 4. 能在教师的帮助和图片的提示下描述或讲述简单的小故事。
	读	1. 能认读所学词语。 2. 能根据拼读的规律,读出简单的单词。 3. 能读懂教材中简短的要求或指令。 4. 能借助图片读懂简单的故事或小短文,并养成按时阅读的习惯。
	写	1. 能正确地使用大小写字母和常用的标点符号。 2. 能写出简单的问候语和祝福语。 3. 能根据图片、词语或例句的提示,写出简短的语句。
五年级	听	1. 能识别不同句式的语调,如陈述句、疑问句和指令等。 2. 能根据语调变化,体会句子意义的变化。 3. 能感知歌谣中的韵律。 4. 能识别语段中句子之间的联系。 5. 能听懂学习活动中连续的指令和问题,并做出适当的反应。
	说	1. 能在课堂活动中用简短的英语进行交际。 2. 能就熟悉的话题进行简单的交流。 3. 能在教师的指导下进行简单的角色表演。 4. 能利用所给提示(如图片、幻灯片、食物、文字等)简单描述一件事情。 5. 能提供有关个人情况和个人经历的信息。
	读	1. 能正确地朗读课文。 2. 能理解并执行有关学习活动的简短书面指令。 3. 能读懂简单的故事和短文并抓住大意。
	写	1. 能正确使用常用的标点符号。 2. 能使用简单的图表和海报等形式传达信息。 3. 能参照范例写出或回复简单的问候和邀请。
六年级	听	1. 能听懂接近自然语速、熟悉话题的简单语段,识别主题,获取主要信息。 2. 能听懂简单故事的情节发展,理解其中主要人物和事件。 3. 能听懂连续的指令并据此完成任务。

续　表

年级	技能	语言技能标准描述
六年级	说	1. 能根据提示给出连贯的简单指令。 2. 能引出话题并进行几个回合的交谈。 3. 能在教师的帮助下或根据图片用简单的语言描述自己或他人的经历。
	读	1. 能连贯、流畅地朗读课文。 2. 能理解简易读物中的事件发生顺序和人物行为。 3. 能从简单的文章中找出有关信息,理解大意。 4. 能根据上下文猜测生词的意思。
	写	1. 能正确使用标点符号。 2. 能用词组或简单句为自己创作的图片写出说明。 3. 能写出简短的文段,如简单的指令、规则。

二、语言知识

学生在义务教育阶段应该学习和掌握的英语语言基础知识包括语音、词汇、语法以及用于表达常见话题和功能的语言形式等。语言知识是语言运用能力的重要组成部分,是发展语言技能的重要基础。

表 2-1-2　"枫杨英语"语言知识目标

年级	知识	标　准　描　述
三四年级	语音	1. 正确读出 26 个英文字母。 2. 了解简单的拼读规律。 3. 了解单词有重音,句子有重读。 4. 了解英语语音包括连读、节奏、停顿、语调等现象。
	词汇	1. 知道单词是由字母构成的。 2. 知道要根据单词的音、义、形来学习词汇。 3. 学习有关本年级话题范围的单词和习惯用语,并能初步运用 400 个左右的单词表达二级规定的相应话题。
	功能	理解和运用有关下列功能的语言表达形式:问候、介绍、告别、请求、致谢、邀请、道歉、情感、喜好、建议、祝愿等。
	话题	理解和运用有关下列话题的语言表达形式:个人情况、家庭与朋友、身体与健康、学校与日常生活、文体活动、节假日、饮食、服装、季节与天气、颜色、动物等。

续　表

年级	知识	标　准　描　述
五六年级	语音	1. 了解语音在语言学习中的意义。 2. 在日常生活会话中做到语音、语调基本正确、自然、流畅。 3. 根据重音和语调的变化,理解和表达不同的意图和态度。 4. 根据读音规则和音标拼读单词。
	词汇	1. 了解英语词汇包括单词、短语、习惯用语和固定搭配等形式。 2. 理解和领悟词语的基本音义以及在特定语境中的意义。 3. 运用词汇描述事物、行为和特征,说明概念等。

三、情感态度

情感态度指兴趣、动机、自信、意志和合作精神等影响学生学习过程和学习效果的相关因素以及在学习过程中逐渐形成的祖国意识和国际视野。保持积极的学习态度是英语学习成功的关键。教师应在教学中不断激发并强化学生的学习兴趣,并引导他们逐渐将兴趣转化为稳定的学习动机,以使他们树立自信心,锻炼克服困难的意志,认识自己学习的优势与不足,乐于与他人合作,养成和谐和健康向上的品格。通过英语课程,使学生增强祖国意识,拓展国际视野。

四、学习策略

学习策略指学生为了有效地学习和使用英语而采取的各种行动和步骤以及指导这些行动和步骤的信念。学习策略是灵活多样的,策略的使用因人、因时、因地、因事而异。在英语教学中,教师要有意识地帮助学生形成适合自己的个性化学习策略,并不断调整自己的学习策略。在英语课程实施中,帮助学生有效地使用学习策略,不仅有利于他们把握学习的方向,采用科学的途径,提高学习效率,而且还有助于他们形成自主学习的能力,为终身可持续性学习奠定基础。

五、文化意识

语言有丰富的文化内涵。在外语教学中,文化是指所学语言国家的历史地理、风土人情、传统习俗、生活方式、行为规范、文学艺术、价值观念等。在学习英语的过程中，接触和了解外国文化有益于对英语的理解和使用，有益于加深对中华民族优秀传统文化的认识与热爱，有益于接受属于全人类先进文化的熏陶，有益于培养国际意识。在教学中，教师应根据学生的年龄特点和认知能力，逐步扩展文化知识的内容和范围。在起始阶段应使学生对中外文化的异同有粗略的了解，教学中涉及的外国文化知识应与学生的学习和生活密切相关，并能激发学生学习英语的兴趣。在英语学习的较高阶段，要通过扩大学生接触外国文化的范围，帮助学生拓展视野，使他们提高对中外文化异同的敏感性和鉴别能力，进而提高跨文化交际能力。[①]

第三节　体验"成长"之学科魅力

我校在开设"枫杨英语"课程群时，一方面从学生的年龄特点出发，一方面基于教材内容出发，另一方面针对培优补差，阶梯式、针对式的系统开设三到六年级共16类课程。

一、在"枫杨英语"的课程中体会耕耘与收获的快乐。

为了充分挖掘每个学生的潜质，力争使每个学生人人参与、人人快乐、人人有收获，让英语活动成为每个学生喜欢热爱的活动，让每个学生从轻松愉快的活动中感受英语、应用英语、体验学习英语的快乐，让每个学生在活动中找到自信，让英语走近每个学生，使他们想说、敢说、能说、乐说[②]，我校英语课程从听说读写、文化探究与学习实践出发，设定了"枫杨英语"课程，把英语知识树分为树根根部、树干、树枝、树叶四个部分，并设定了"Water the trees"(给树浇水)，"Add branches and leaves"(添枝加叶)，"Big branches and leafy trees"(枝繁叶茂)，"Grow sturdily"(茁壮成长)四个主题板块进行构建。

---

① 教育部.义务教育英语课程标准[M].北京：北京师范大学出版社，2012.01.
② 宋东建.新时代校园广播的传统应用与创新[J].启迪(教育教学版)，2018，(7)：56—57.

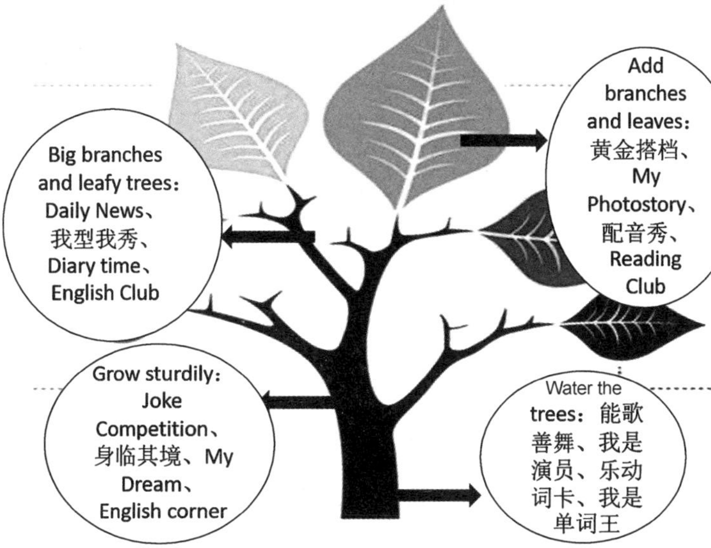

图 2-1-1 "枫杨英语"学科课程框架图

二、体验丰富有趣的"枫杨英语"课程

通过对课程的梳理,并结合我校的"树心根"文化,对英语校本课程进行了再次系统、科学的开发。教师通过创设快乐、轻松、和谐的学习氛围,利用听、说、读、写、唱、玩、视、做等教学手段对学生进行英语语言生活趣味性的教学。

表 2-1-3 "枫杨英语"课程设置及框架表

主 题 板 块	三年级	四年级	五年级	六年级
Water the trees	能歌善舞	黄金搭档	Daily News	Joke Competition
Add branches and leaves	我是演员	My Photostory	我型我秀	身临其境
Big branches and leafy trees	乐动词卡	配音秀	Diary time	My Dream
Grow sturdily	我是单词王	Reading Club	English Club	English corner

表 2-1-4 "枫杨英语"课程设置表

年级	课　程　目　标	课程名字
三年级	1. 能够书写 26 个字母并背默； 2. 能够看图识词，并能根据指令做相应的动作； 3. 能学唱英文歌曲或歌谣 10—20 首； 4. 能了解简单的自然拼读； 5. 能在小组活动中积极与他人合作，互相帮助，完成任务。	◇ 能歌善舞 ◇ 我是演员 ◇ 乐动词卡 ◇ 我是单词王
四年级	1. 能够互动进行英语交际； 2. 能够熟练记忆所学单词，并模仿例句造句； 3. 能够理解并运用一般现在时； 4. 能够了解字母组合在单词中的发音规律。	◇ 黄金搭档 ◇ My Photostory 　配音秀 ◇ Reading Club
五年级	1. 能够了解各个国家的生活习惯、国旗，以及节日和体育运动、典型的食品和饮料的名称； 2. 能够理解和运用一般现在时和现在进行时； 3. 能够在老师的指导下表演小故事、模仿电影情境； 4. 能够阅读英语故事及其他英语课外读物。	◇ Daily News ◇ 我型我秀 ◇ Diary time ◇ English Club
六年级	1. 能够熟练根据图片或者关键词的提示说出并写出 50—60 个单词的短文； 2. 能够理解和运用一般将来时和一般过去时； 3. 能够了解英语国家的首都以及重要城市，在学习和日常交际中，主动探索中外文化异同； 4. 能够在教师的指导下表演或创造小故事和小短剧； 5. 能初步借助简单的工具书或者网络资源学习英语。	◇ Joke Competition ◇ 身临其境 My Dream ◇ English corner

第四节　展示"收获"之课程精彩

　　英语学科课程，应彰显英语课程总体目标要求，英语教学的重难点从培养学生的学习兴趣出发，倡导体验、参与、合作与交流的方式和任务性的教学途径，逐步转变为发展学生的综合语言运用能力，并且对学习策略，文化意识的能力培养起到积极的作用。我校将开展英语成长树"枫杨"课程体系来提高英语课堂效益，以我校树文化为起点，创设英语学习平台，加强英语学习的实用性，让英语走进学生们的实际生活中。

一、"枫杨英语"课程的实施

英语学科课程倡导体验、参与、合作与交流的方式和情境教学途径,逐步转变为发展学生的综合语言运用能力,对于情境教学来讲,在真实的情境中培养学生们运用语言的能力是其教学重要的目标之一。近年来,情境教学法因其形真情切的独特优势,日益走进了广大英语教师的教学视野,它迎合了新课标的教学理念,是一种值得被大范围推崇和应用的教学方法。我校依据新课标和大情境教学理念开展英语"枫杨英语"课程体系来提高英语课堂效益,以我校树文化为起点,创设英语学习平台,加强英语学习的实用性,让英语走进学生们的实际生活中。

(一) 建构"枫杨"课堂,让学生的学习生活丰富多彩。

在课堂上,我们运用独具特色的英语学习知识树系统作为"枫杨英语"课程体系的重要组成部分,为每一位学生添枝加叶,让学生体会耕耘的快乐。

1. 树,木本植物的总称,主要四部分是根、干、枝、叶。小学英语知识树也主要有四部分组成:根部—语言技能、语言知识,树干—功能话题,树枝树叶—语言材料。当小学英语知识、学习方法和策略融为一体,就构成了一棵郁郁葱葱的"小学英语知识树"。

2. 教师们在认真研读课标、分析教学内容的前提下,关注教材中话题的包含与联系,较全面系统地分解相关的知识。树的主干是"功能话题",把教材中的 24 个话题作为主要分枝,各话题所涉及的内容、概念及规律是枝叶,这样有助于教师全面整体地了解教材内容,把握好知识间的纵横联系与整合。英语知识树的创建并不是新生事物,它与我们平日教学实践中引导学生构建知识网络图的道理是一样的,其目的就是通过构建知识树,使老师自己对所教知识能够全面了解和把握,使学生对所学知识有清晰地认识和理解。

3. 英语情境树的创建要贴近生活实际,贴近小学生生理、心理发展水平,力争做到全面系统地阐述话题所涉猎的学科知识,努力渗透基本的学科教学思想和方法,培养学生辩证全面地思考问题的良好习惯,提高学生善于抓住本质,进行分析、对比、抽象、综合、概括、创新的能力。

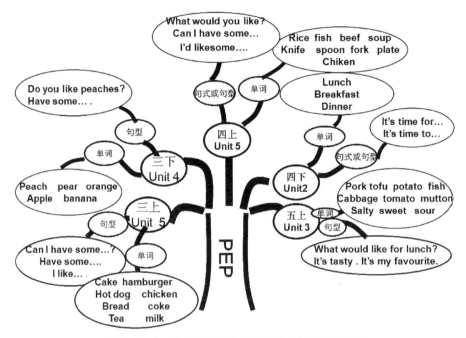

图 2-1-2 "枫杨英语"学科课程整合树知识图范例

(二) 丰富英语教学的内容, 注重"枫杨英语"教学资源整合

1. 运用体验、探索、鼓励、乐享、有效、任务、游戏式等多种教学模式, 让英语课堂充满乐趣, 教学内容切合实际生活, 结合课本知识, 选择贴近生活的素材话题, 使学生想说, 爱说。如: 学习食品单词和句型可以展现现实生活中 KFC、restaurant 等真实场景, 让学生们语言运用能力得以提升。使英语学习成长由校内延伸到校外, 由课堂延伸到操场、街道等。

2. 每学期让每位学生设计一本英语成长手册, 围绕每个单元学习的内容, 依照年级不同由浅至深。如: 三年级设计为每个单元一幅图配上一个单词。四年级设计为每个单元一幅图配上一句英文。五年级为每个单元设计一本英语绘本或英语故事。六年级设计为每个单元配有插图的一篇英语作文。让学生英语学习的成长显而易见。学生们通过成长手册回忆自己学习英语的点点滴滴。

3. 教学内容注重趣味性, 使英语教学趣味化, 并结合课堂所学拓展为英语阅读,根据年级不同,完成不同程度的英语阅读训练。如：三年级教授动物单词时,作业设计为阅读绘本"The ugly duckling"。学生们通过阅读,增加更多相关词汇量及语言运用能力。由词向句,句向段,段向文的延伸,提升学生英语能力。让英语学习再不是只学课本,而是重在运用。让有趣的故事吸引学生们接触课本外更多知识,推动学生探求知识的能力。

4. 教学内容现代化,结合"枫杨英语"课程理念,为了学生的成长,让学生爱学、趣学、结合课本知识,选择有时代气息的内容,知道学生们喜欢唱流行歌曲,我们便把流行歌曲的音乐结合英语单词句型让学生们唱出来,拓展了英语能力,学生们也特别喜欢。如：学生们喜欢唱"卡路里"这首歌,我们就把它翻译成英文来唱"My natural Enemy! Burn all of my calories! Bye bye! To pastries. Instant noodles Buddle tea. Hot pot rice also turkey. Take them all away from me. Bye bye! To caffeine …"结合现代信息手段,使教学内容与时俱进。采取 PPT、电影、抖音等现代技术手段丰富课堂。

(三) 结合"枫杨英语"教学体系扩展英语学习空间,开展丰富多彩的课外活动。

结合我校"树心根"英语课程设置表,开展丰富多彩的活动,让学生对英语学习的兴趣更加浓厚。我们设定了四个主题,即："Water the trees"(给树浇水)、"Add branches and leaves"(添枝加叶)、"Big branches and leafy trees"(枝繁叶茂)、"Grow sturdily"(茁壮成长)。利用外国文化习惯,培养学生的西方文化素养。如圣诞节、在三年级开展圣诞 Party,让学生们表演唱英文歌(能歌善舞),模仿动画电影片段(我是演员、配音秀)配音。以小组为单位老师给第一位同学看一个单词,让他做动作传给第二位同学,一个接一个传,最后一位同学说出单词(乐动词卡)。为了体现竞争意识,开展书写达人比赛。比一比谁字母单词写得好,写得快(我是单词王)! 结合其他西方节日如万圣节,让学生们穿上奇装异服,在四年级开展万圣节派对。让穿着公主服装的学生为冰雪奇缘配音(配音秀),让大家穿着各种服装走秀并秀英文(我型我秀),增加学生学习英语的自信心,锻炼学生的胆量。利用各种节日活动日在五年级开展"Diary time"、"我型我秀"、"Diary time"、"English Club"等活动。在六年级开展"Joke

Competition"、"身临其境"、"My dream"、"English corner"等活动。以校园英语学习氛围为重点,扩展学生的学习范围。要营造出浓厚的校园氛围,确保活动有条不紊,丰富多彩,富有教育意义。如：开展英语节活动。五六年级各班出一期外语节为主题的英文黑板报。校内张贴英语节活动内容及安排。教师办公室张贴英语礼仪用语。课间播放英文歌曲。校内张贴英文路标等。

整个实施方案都遵循小学生生理和心理的特点,依照我校学生的实际情况以及他们的认知发展水平和情感需要,发挥真正的育人功能,提升学生英语学科核心素养。

二、"枫杨英语"课程的评价

(一) 评价原则

"枫杨英语"课堂教学不仅让学生牢牢掌握基础知识,更重要的在于培养学生综合运用语言的能力。根据《义务教育英语课程标准(2011年版)》,我校对英语课程坚持科学性和参与性相结合,导向性和激励性相结合,多样性和阶段性相结合的原则,以形成性评价为重要组成部分,改变以往只重视终结性评价的方式,坚持形成性评价和终结性评价并重的原则,既关注结果,又关注过程,培养学生从学习兴趣出发,提高英语课堂效率,倡导体验、参与、合作与交流的方式和任务性的教学途径,逐步转变为发展学生的综合语言运用能力。

(二) 评价目的

通过有效的课堂评价,加强英语教师的专业技术水平,并不断激发学生学习的积极性和主动性,同时充分挖掘和锻炼学生的创造性思维和实践能力,形成良好的学习氛围,促进学生全面发展。

(三) 评价内容

我校"枫杨英语"课程群评价将从"学习兴趣"、"学习习惯"和"学习成果"三个维度来设计评价内容,在课堂中通过开展"Daily News""我型我秀""Diary time""Joke Competition""身临其境""Reading Club""My Photostory""My dream"等活动,坚持以学生的全人发展为本,不断培养学生的创新精神和实践能力。

(四) 评价方式

　　根据课程内容设置的不同,我校"枫杨"课程群评价分为自我评价与互评、阶段性评价、综合性评价。最终的评价等级根据各项评价等级来进行评定,即 A、B、C三个等级。

表 2-1-5　"枫杨英语"学科课程评价表

评价形式	评 价 内 容	评 价 等 级		
		A	B	C
自我评价	听方面			
	说方面			
	读方面			
	写方面			
阶段性评价	日常交际方面			
	创意动脑方面			
	学习成长手册			
综合性评价	口语交际 (学习成长手册、情景剧表演)			
	技能综合测试方面			

表 2-1-6　"枫杨英语"学科课程自我评价标准

评价形式	评价内容	评 价 标 准	评 价 等 级
自我评价	听方面	认真完成每次布置听录音的作业并打卡	每周统计一次,以 A\B\C 为等级标准
	说方面	能用简单的英语向他人问候,并能就日常生活话题作简短叙述	能自信地与他人交流的为 A,其他按等级划分
	读方面	按时完成朗读课文的打卡作业并上传视频	每篇课文都有打卡的为 A,打卡 2/3 的为 B,打卡 1/3 的为 C

续　表

评价形式	评价内容	评　价　标　准	评　价　等　级
自我评价	写方面	作业干净、整洁、格式正确并能及时上交	每周统计一次，书写干净整洁的为 A，书写干净但未准时上交的为 B，书写马虎潦草的为 C

表 2-1-7　"枫杨英语"学科课程阶段性评价标准

评价形式	评　价　内　容	评价标准及等级
阶段性评价	情景剧表演	◇ 声情并茂，语句流畅为 A ◇ 基本能表达课文意思为 B ◇ 未参与表演的为 C
	制作英语节日卡片或英语手抄报	◇ 制作精美，书写干净整洁的为 A ◇ 制作精美但书写潦草的为 B ◇ 未完成 1\3 的为 C
	学习成长手册	◇ 内容丰富，精心设计的为 A ◇ 内容一般，设计还不错的为 B ◇ 未完成的为 C

　　我校英语教研组结合学校枫杨树"心根教育"理念及大情境课程设计开展了形形色色的课内外活动，把学英语融入日常学习生活点滴情境中去，我们着力建构"枫杨课堂"，不单纯追求讲授技巧的滴水不漏、教学环节的天衣无缝、细枝末节的精雕细琢，而是在先进的教育理念指导下，面向全体学生，关注学习过程，注重学用结合，着眼全面发展，使学生真正成为学习的主人，为孩子们开启精彩的英语学习生涯！

（撰稿人：张静　刘芳）

EOLO 英语: 在生态情境中趣味学英语

南昌市右营街小学创建于 1912 年,有 108 年的办学历史。学校拥有一支凝聚力强、勇于进取、业务素质高的英语教师队伍,现有英语教师 5 人,其中,省级骨干教师 1 人,区骨干教师 1 人,中小学一级教师 5 人,是一支人少但很精干的队伍。全体英语组教师秉承"面向全体学生,注重素质教育"的课程理念,立足于右营街小学构建的"生态教育",积极参加各级各类教研活动,在真知实践和相互交流中提升自己的专业水平,逐渐形成夯实的教学底气和端正的教学风气,对课程理念的认识和理解也得到进一步的强化,创建出独具教育特色的英语教学途径和方法。根据新课程改革的根本任务,教研组将"EOLO 英语"课程植根于学校"生态"课程中,在生态大情境中培育学生的英语核心素养。

第一节　沐春风,踏着生命节律前行

一、学科课程教育价值观

生态情境是指对人引起情感变化的具体自然环境或具体社会环境,是师生生命体及其交流所必需的情境组成的统一体,具有共生性、动态性、生活性、适宜性、情趣性、开放性六大特点。它决定了教师的教学是否具有愉悦氛围、过程合理、思维拓展等目标取向;决定了学生如何把环境的认识和情感统一起来,让学生知晓师生与情境所构成的生态系统。显然,这样的生态情境模式有利于学生的自主发展,有利于学生的实践创新。生态情境模式作为一种价值取向,使其教学环境趋向或达到最优、高效与和谐发展的状态。

《义务教育英语课程标准(2011 年版)》首次将英语课程的性质界定为"具有工

具性和人文性双重性质"。就工具性而言,英语课程承担着培养学生基本英语素养和发展学生思维能力的任务,即学生通过英语课程掌握基本的英语语言知识,发展基本的英语听、说、读、写技能,初步形成用英语与人交流的能力,进一步促进思维能力的发展,为今后继续学习英语和用英语学习其他相关科学文化知识奠定基础。就人文性而言,英语课程承担着提高综合人文素养的任务,即学生通过英语课程能够开阔视野,丰富生活经历,形成跨国文化意识,增强爱国主义精神,发展创新能力,形成良好的品格和正确的人生观与价值观,为终身学习奠定基础。[①]

"EOLO 英语"课堂教学的基本目标是建立一个稳定、和谐、自然的生态学习的完整情境。在课堂教学过程中要树立学生为主体的观念,充分挖掘其学习的天性和潜能,从好学乐学出发,把全部的教育价值归结到学生身上,从而创设一个充满关爱的课堂人际氛围,让学生能够自主学习、合作学习和探究学习。

二、学科课程理念

基于英语学科特点和立德树人的根本任务,围绕我校的"生态教育"理念,并结合我校英语"趣味英语玩中学"课程特点,我校英语组经过反复研讨,创建了"EOLO 英语"课程群。教研组认为绿色是生命的色彩,是孩子在课程学习的过程中,自然而然、蓬勃悦动的生命光景。课程力求构建生态"大情境",把绿色种子播撒到儿童心灵,争取让每一个孩子都收获喜悦、学会用心、认真倾听、乐于付出。"EOLO 英语"通过发掘教材及生活中的资源,创设生态学习系统,调动了学生的生活经验和语言基础,激发了学生学习兴趣和参与热情,沉浸到语言学习的情境之中,使知识内化为学生的个性、智慧、品格、气质和生命,从而达到育人的目的。"EOLO 英语"课程具有以下三个鲜明特点。

(一) 形式多样性——适合即最好

小学英语课堂是一个特殊的生态系统,学生的生命在不断地进化,意味着生命的多样性与丰富性的增长。学生多样性的成长,需求的是课堂生态系统的特

---

① 教育部.义务教育英语课程标准[M].北京：北京师范大学出版社,2012.01.

殊性，这种多样性是否得到最大程度的满足，是维持课堂生态系统稳定的重要因素。

沃尔夫冈·布列钦卡认为，"教育是人们尝试在任何一方面提升他人人格的行动。"所谓"尝试"即意味着寻找"适合"。在传统教育中，由于对课程本源和本质认识上的误区，过度强调装饰，使"整体课程膨胀，学非所用，严重地压抑学生的积极性，阻滞了教育质量与效益的提高。"因此，小学英语生态课堂教学应首先把教材当范例，选择适合学生发展的"知识"，使其能进入学生视界，学生从自己喜欢的知识中接受和感悟，这样的知识才是有生命的。

（二）形式开放性——感悟的时空

人的精神生命拓展的重要标志是感悟，是学生对外界信息的深层内化，是大脑重新组合、选择和建构知识，是学生学习、生活的核心。因此，"EOLO 英语"课堂教学过程必须把学习的大部分时间交给学生，让学生主动"生产"知识，只有浸润着学生自己血脉的知识才更有生命力。这是"EOLO 英语"课堂教学生成长的重要标志。

"EOLO 英语"课堂教学模式的构建必须重视常规化的讨论，提升学生的领悟水平。通过多元、多向、多层次的讨论，使学生重新组合、选择、建构自己的领悟，向更深层次内化，从而取得更佳的学习效果。常规化的讨论不仅让学生获取感悟的直接经验，而且对加强集体内部的沟通与合作，培养探究和团队精神大有裨益。和谐、自由、富于创造氛围的课堂讨论能大大激发学生的民主参与的欲望。民主参与的课堂氛围正是创造力产生的必要条件，压抑、非自愿的课堂气氛使学生无法表现出独具一格。[①] 在小学英语课堂教学中，组织者要尽可能为学生提供和创造感悟的时间、空间，只要符合学习需要，一切皆可讨论。释放学生的学习天性，才能使学生"乐知"、"好知"，才能真正体现人本教育——尊重学生。

（三）形式统一性——共生与整体

生态系统从本质上来讲，是真实的自然整体，是高于其成员有机个体的组织，

---

① 郭思乐.望晨光之熹微　生本教育体系实践和思考[M].合肥：安徽教育出版社 2008.2.

是一个表现出稳定和完整的生命共同体。由于有机个体存在的差异性和多样性，以及其广泛性、多样性，因此，个体之间的互补性、非线性、关联性组成了整体的密不可分性。

因此，我们将"生态教育"指引下的右营街小学英语课程模式命名为"EOLO 英语"。我们期望，通过课程去唤醒和鼓舞全体师生的内在力量，共生共长。在课程建设中师生共同经历、彼此滋养获得灵动而可持续的发展。

第二节　和春光，播撒绿色种子入心

一、学科课程总体目标

根据《义务教育英语课程标准（2011 年版）》，小学英语课程目标是体现课程理念，提高综合人文素养。义务教育阶段英语课程的总体目标是：通过英语学习使学生形成初步的综合语言运用能力，促进心智发展，提高综合人文素养。综合语言运用能力的形成建立在语言技能、语言知识、情感态度、学习策略和文化意识等诸方面整体发展的基础之上。语言知识和语言技能是综合语言运用能力的基础；文化意识有利于正确地理解语言和得体地使用语言；有效的学习策略有利于提高学习效率和发展自主学习能力；积极的情感态度有利于促进学生主动学习和持续发展。这五个方面相辅相成，共同促进学生综合语言运用能力的形成与发展。①

埃利奥特认为："真正的教育目的是使个体的能力得到最大限度的发展。"在英语课程目标体系中留给学生充分的发展空间，这就需要英语教师创设一个师生相互依存、相互融合的生态式的教育情境。在这样的教育情境中，不仅有各种知识和信息间的渗透和综合，还有思维及情感等要素的碰撞与对话，从而使英语教学生态情境既具有"原生态"的特点，又孕育着生态教学的可持续发展。

---

① 教育部.义务教育英语课程标准[M].北京：北京师范大学出版社,2012.01.

二、学科课程年段目标

表 2-2-1 "EOLO 英语"课程具体目标

年级	语言技能	语言知识	情感态度	学习策略	文化意识
三	1. 能听懂简单的配图故事; 2. 能在口头表达中做到发音清楚,语调基本达意; 3. 能认读所学词语; 4. 能正确地使用大小写字母和常用的标点符号。	1. 能正确读出26个字母; 2. 知道单词是由字母构成; 3. 单复数形式和名词所有格。	1. 能体会到英语学习的乐趣; 2. 在小组活动中能与其他同学积极配合和合作。	1. 积极与他人合作,共同完成学习任务; 2. 遇到问题主动向老师或同学请教。	1. 知道英语中最简单的称谓语、问候语和告别语; 2. 对一般的赞扬、请求、道歉等做出适当的反应; 3. 知道世界国家国旗以及节日。
四	1. 能听懂简单的配图小故事; 2. 能就所熟悉的个人和家庭情况进行简短的对话; 3. 能根据拼读的规律,读出简单的单词; 4. 能写出简单的问候语和祝福语。	1. 了解简单的拼读规律; 2. 知道要根据单词的音、义、形来学习词汇; 3. 理解运用人称代词和形容词性物主代词。	1. 敢于开口,表达中不怕出错; 2. 积极参与各种课堂学习活动。	1. 会制定简单的英语学习计划; 2. 对所学内容能主动复习和归纳; 3. 在词语与相应事物之间建立联想。	1. 知道世界上主要的文娱和体育活动; 2. 知道英语国家中典型的食品和饮料的名称。
五	1. 能就日常生活话题作简短叙述; 2. 能读懂故事或小短文; 3. 能在老师帮助下表演小短剧; 4. 能学唱英语歌曲和歌谣30首左右。	1. 了解单词有重音; 2. 表示时间、地点和位置的常用介词; 3. 一般现在时、现在进行时、一般过去时和一般将来时。	1. 乐于感知并积极尝试使用英语; 2. 遇到困难时能大胆求助。	1. 在学习中集中注意力; 2. 在课堂交流中,注意倾听,积极思考; 3. 尝试阅读英语故事及其他英语课外读物。	1. 了解西方节日和习俗; 2. 了解主要英语国家的重要标志物; 3. 在学习和日常交际中,初步注意到中外文化差异。

续　表

年级	语言技能	语言知识	情感态度	学习策略	文化意识
六	1. 能在老师的帮助下描述或讲述小短文; 2. 能正确朗读所学课文; 3. 能看懂程度相当的英语动画片或教学节目; 4. 能独立完成舞台剧表演。	1. 了解英语语音包括连读、节奏停顿、语调等现象; 2. 能运用400个左右的单词表达相应话题; 3. 简单句的基本形式。	1. 乐于接触外国文化,增强祖国意识; 2. 继续保持对英语学习的兴趣。	1. 积极运用所学英语进行表达和交流; 2. 注意观察生活或媒体中使用的简单英语; 3. 能初步借助简单工具书学习英语。	1. 了解主要英语国家的首都; 2. 在学习和日常交际中,主动注意到中外文化异同。

第三节　谱春曲,创建生态情境育人

一、学科课程设置

生态英文为 ecology,我校坚持创造生态校园,创办生态课程,让每一个学生都能明白生态高效的意义。E-enjoyment(喜悦),O-observant(用心),L-listen(倾听),

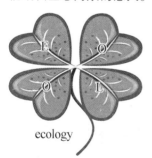

图 2-2-1　"EOLO 英语"课程 Logo

E—喜悦: 乐学乐教,学中有乐。
O—用心: 用心做人,用心做事。
L—倾听: 倾听他人,合作共赢。
O—付出: 辛勤付出,终有回报。

O-obligate(付出)。"EOLO 英语"课程着重提升学生对于英语的学习兴趣,提升其自主学习英语的能力;注重在课堂教学中同时关注知识的积累与英语技能的提升;努力打造听、说、读、写、唱、演一体的多元化英语课堂,提升基础阶段的英语教学质量,从而遵循可持续发展性原则,在后续的英语学习中打造让学生快乐学习、持续学习的英语课堂,为学生终身学习意识打下坚实的基础。

我校在开设"EOLO 英语"三至六年级课程时,一方面从学生的年龄特点出发,另一方面基于教材内容出发，创设了每个年级独具特色的英语课程。

三年级学生年龄小，生性活泼好动，又是初接触英语。我们便设计了"Singing Children's songs"课程，教师精心选取一些简单、熟悉的英文歌曲，激发了学生学习英语的兴趣，使他们克服畏惧心理，消除紧张心理，获取成就感。

四年级学生有了一年的英语基础，采用的是"Picture book Reading"绘本课程。绘本教学不是为了一词一句的学习，我们关注到绘本的情境营造，让学生学会用心感受绘本教学中的意与美，从而培养学生的思维品质、学习能力和文化品格。

五年级学生有两年的英语学习经验，具备了一定的英语技能。设计的"Funny movies"电影课程，是根据学生的年龄和认知特点，截取英语原版电影片段进行英语语言教学。电影课程内容夸张有趣，取材来源于生活，并且内容丰富，语音语调纯正，兼具人文精神。学生通过仔细观看、认真倾听、精彩模仿提高了英语口语能力、增强了跨文化意识、拓展了视野，且培养了爱国主义精神，形成健康的人生观。

六年级学生所掌握的英语知识和技能相对丰富。"Classic plays"课本剧课程

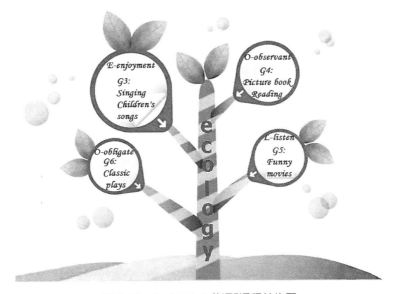

图 2-2-2 "EOLO 英语"课程结构图

为英语教学的语言运用搭建了有效的平台，创设了一个良好的语言环境，使学生在情景中运用自己已经学过的语言知识和技能，既能满足学生的表现欲，激发学生学习英语的兴趣，又能提高学生英语的学习能力。学生全程自主参与课本剧表演过程，既有目的地促进语言的习得，提高综合语言运用能力，又在表演中学会了分享与合作，学会付出，实现了英语工具性和人文性的统一。

二、课程目标

育人目标是通过课程去达成的，新课程要求我们做课程的开发者和创建者，我们将"EOLO英语"的培养目标进行了细化，形成了低中高年级的分年段课程目标。具体如下：

表 2-2-2　"EOLO英语"课程分年段目标表

	低 年 级	中 年 级	高 年 级
E 喜悦	1. 积极参与到英语课堂的互动中来，能体会到英语学习的乐趣，乐于感知并积极使用英语，乐于接触外国文化。 2. 精力充沛，对生活充满喜悦，能用英语说出简单的字母和单词。	1. 积极参与到小组活动中来，能根据图片，实物等写出简短的语句或者描述，在学习和交流中，能初步注意到中外文化的异同之处。 2. 能模仿范例写词句，体现语言的渐进性，培养学生用英语来解决实际交际问题的能力，对所学内容可以主动归纳与复习。	1. 对于小学阶段应该学习的语音项目，语法项目，功能项目和话题项目有一个清楚的认识，语调基本达意。综合语言运用能力有所提高。 2. 通过学唱英语歌曲和参演英语小故事的排练，通过角色更加加深对于英语文化的理解，同时，学习各种英语技能，了解各个单词使用的具体语境。
O 用心	1. 能用心根据录音模仿说英语并能相互致以简单的问候。 2. 能相互交流简单的个人信息，如：姓名、年龄。	1. 能在图片、图像、手势的帮助下，听懂简单的话语或录音材料。 2. 能听懂简单的配图小故事；能听懂课堂活动中简单的提问；能听懂常用指令。	1. 积极与他人合作，共同完成学习任务。 2. 主动向老师或同学请教；制订简单的英语学习计划；对所学习内容能主动练习和实践；尝试阅读英语故事及其他英语课外读物。

续　表

	低　年　级	中　年　级	高　年　级
L 倾听	1. 能在口头表达中做到发音清楚、语调达意;就所熟悉的个人和家庭情况进行简短对话。 2. 能倾听一些最常用的日常套语(如问候、告别、致谢、致歉等);能在教师的帮助下讲述简单的小故事。	1. 知道错误的发音会影响交际;知道字母名称的读音;了解简单的拼读规律;了解单词有重音;语音清楚,语调自然。 2. 能理解和表达有关下列话题的简单信息:数字、颜色、时间、天气、食品、服装、玩具、动植物、身体、个人情况、家庭、学校、朋友、文体活动、节日。	1. 知道国际上最重要的文娱和体育活动。 2. 知道英语国家中最常见的饮料和食品的名称。 3. 知道主要英语国家的首都和国旗。 4. 了解世界上主要国家的重要标志物,如:英国的大本钟等。 5. 了解英语国家中重要的节假日。
O 付出	1. 鼓励学生大胆地使用英语,对他们学习过程中的失误和错误采取宽容的态度。 2. 要为学生提供自主学习和相互交流的机会以及充分表现和自我发展的空间。 3. 鼓励学生通过体验、实践、讨论、合作、探究等方式,发展听、说、读、写的综合语言技能。	1. 积极创造条件,让学生参与制订阶段性学习目标以及实现目标的方法。 2. 引导学生结合语境,采用推测、查阅或询问等方法进行学习。 3. 设计探究式的学习活动,促进学生实践能力和创新思维的发展。	1. 引导学生运用观察、发现、归纳和实践等方法,学习语言知识,感悟语言功能。 2. 引导学生在学习过程中进行自我评价并根据需要调整自己的学习目标和学习策略。 3. 拓展学生的文化视野,发展他们跨文化交际的意识和能力。

第四节　奏春章,实施"EOLO 英语"课程教学

　　生态情境理论强调,有效的教学活动一定要兼顾教师、学生、英语环境与社会环境等各个要素,考虑学生的年龄发展特点,强调将学生的学习与发展置于开放性的、与外界不断互动的生态化的系统中。叶圣陶先生曾说过:"教亦多术矣,运用在乎人。"所以,教师一定要根据不同年龄段的学生的特点、认知规律和思维发展特

点,以"学生是发展性主体"为思想,遵循学生心理发展规律与个性差异,积极创设富有趣味的、多样的生态情境,满足学生学习和发展的需要,构建和谐课堂教学,使教师、知识、学生发生"共振"。

　　基于"EOLO英语"学科理念,我校英语教师在教学过程中发掘教材及生活中的资源,确立嵌入式课程,运用丰富多彩的听、说、读、写、看、唱、演等活动为学生提供了一个自由宽松的生态英语交流平台,学生在听听、唱唱、说说、看看,写写中趣味学习,为学生的生态式英语学习和交流提供舞台。

一、打造"趣味英语"课程,推进学科课程实施

(一) 趣味课堂"三环节六部曲"基本要求

　　趣味英语课堂教学模式的操作流程包含"三环节六步曲",即：趣味准备(课前)、趣味行动(课中)和趣味回味(课后)"三环节";明确学习目标、趣味热身、趣味展示、趣味梳理、趣味迁移和趣味收获课中"六部曲"。

　　1. 趣味准备(课前)。课前,教师可以通过进行一些简单活泼的活动,对课堂进行预热。比如说：班级的每一位同学在上课前进行课前演讲5分钟。可以是小故事,笑话,谚语,名人的演讲稿等等。需要注意的是,演讲完毕,必须对演讲进行评析,分两个方面,其一分析这位同学演讲的优缺点;其二对其中简单的语言点进行讲解。通过这个做法,一是可以提高学生学习的积极性,让他们勇于挑战,乐于说英语,在交流学习中相互促进提高;二是可以很好地扩充他们的知识面,提高英语学习的眼界。

　　2. 趣味行动(课中)。英语中有一句谚语：A good beginning is half done。(良好的开端就是成功的一半。)教师可根据教学内容设置悬念,提出引人深思的问题,吸引学生的注意力;可用诗歌、绕口令、谜语来引领学生走进英语;可从直观教具和演示开始,如图片、挂图、简笔画和实物等设置情境。有了生态情境,学生印象才深刻,声、形、意才能有机结合,学生学得才有趣,掌握才准确。在生态英语课堂上,教师富有情感,学生接受情感熏陶,教师与学生在情感教学中自然地、随时地转换自己的角色,增进相互间的情感。师生间有效的互动,利于形成乐学乐教、愉快轻松的生态英语课堂。

（1）明确学习目标。教师把本节课学习目标书写在黑板固定的位置上,让师生共同明确学习目标。

（2）趣味热身。目的是通过听或唱一首英文歌曲、观看一段视频、简单愉快的话题,做一个课前游戏等等来营造有趣轻松的课堂氛围,让学生集中注意力,为学习新课做好心理准备。

（3）趣味展示。这是趣味英语课堂的重要环节,组长组织组内交流预习结果,并对预习中不会的单词、句式和对话的编排,甚至是英语故事、话剧的编演先进行对学(两个基础差不多的学生)和群学,修改完善趣味学习单,之后把组内交流成果及不能解决的问题在全班进行展示。

（4）趣味梳理。小组对其他小组进行组间点评和对课上提出的疑难进行解答,教师点评,引导和点拨,对知识点进行梳理,纠正和补充。

（5）趣味迁移。在教师的趣味梳理之后,学生在特定的语境下做深入的探究,或是职场生活中英语运用练习,通过思维的发展和语言的操练加大对应英语的吸收。

（6）趣味收获。一种方法是学生自己总结收获,大致内容是：今天,我学会了什么？我能做什么？还有什么问题等；另一种方法是教师根据学生的展示情况设置问题,进行灵活多样的测试并及时反馈课堂效果。

3. 趣味回味(课后)。课后,学生对自己课上的趣味学习单进行整理,趣味回味自己在这一节课上的收获；也可以通过微课复习巩固本课所学的单词、句型和对话或文章。教师针对本节课的教学重难点,设计贴近学生生活的课后应用练习,通过下次课展示对应用练习进行检测并作出评价。

(二)"EOLO 英语"的推进策略

兰德(Walter Savage Lader)说过："我们嘴上谈着准则,但行动却全凭兴趣。(We talk on principle,but we act on interest.)"他认为教学不只注重教学目标和教学任务的达成,且应该注重学生学习兴趣的激发。在兴趣的引导下,学生才能找到趣味学习的方向,看到趣味学习的希望。

1. 趣味游戏。顺口溜记忆法。把教学内容编成朗朗上口的顺口溜容易记忆,如讲基数词变序数词规则时,可用下面的顺口溜,"一二三特殊记,th 要从四加起,八去 t 来九去 e,ve 要用 f 替,ty 变 tie,再加 th 莫迟疑,要想表达几十几,只变个位就可以"。词汇教学融入故事或者情景教学中。利用具体的情景教词汇,培养学生灵活运用单词的能力,可以达到生动活泼,快而有效的效果。比如说 blackboard,教师就可以指着黑板,教学生。"I am writing some words on the blackboard。"开展比赛。对于学生学习单词,设计了单词 pk 赛。每次学习完一个单元的单词就组织一次,要求学生掌握学过的所有单词,做到新旧两不忘。通过小组 pk、个人 pk,激发学生学习英语的热情和兴趣,在班级中掀起背单词的高潮。

2. 角色扮演,各有趣味。小学英语教学的目的是让学生对英语学科产生兴趣并能在日常生活中运用简单的句子对话。生态课堂上情景对话表演和趣味展示环节的戏剧表演,都是以学生为中心,以激发学生的学习兴趣为目的而设计的。角色扮演给学生充分的时间展示自己,不断地体验着成功的喜悦。角色扮演使学生在表演过程中展示不同人物的情感和动作,不同角色有不同的趣味。同时,学生掌握了西方社会对话方式和礼仪习惯,更直观地感受中西方文化差异。学生为了让自己的表演更加精彩,通过自主探究和合作交流,编写精彩的表演脚本。学生也通过模仿英语话剧中的发音,纠正和练习自己的语音,品味着英语之美。我校六年级学生自编自演的话剧《木偶匹诺曹》《绿野仙踪》《格列佛游记》利用不同场景和人物的语言表述,使学生的课堂口语练习得以升华。角色扮演让学生在放松的生态情景下不再恐惧讲英语,而是大胆地、快乐地表达,激发了学生表演的兴趣,提升了学生的英语语言素养,调动了学生参与生态英语课堂教学的积极性。

二、"EOLO 英语"课堂的评价标准

(一) 评价理念

教育部颁布的《基础教育课程改革纲要》,强调要改变过去过于注重评价甄别和选择功能的状况,要求要发挥好评价在促进学生的发展,教师专业水平和实践教学技能提升方面的作用。不再以孩子会背多少单词,会译几篇文章为评价依据,而是针对起始年级的孩子的年龄特点,优先发展其"听,说,读"的能力。以"能听懂,会表达,善阅读"为前期培养目标,通过说唱、游戏、表演等少年儿童喜

欢的方法加以持续训练，以赏识成功作为激励原则，帮助孩子建立成就感和自信心，促进其自主发展，真正体现："合格＋特长＋自信"的小学英语的教学观和人才观。

我校的"EOLO英语"课堂教学紧紧围绕《英语课程标准(2011年版)》，结合学生的学习和发展实际，采用分年级分段的评价方式，评价学生综合语言运用能力的发展水平。坚持评价的科学性、导向性、激励性、参与性、多样性、可行性、阶段性原则，以形成性评价为主，以学生平时参与各种英语教学活动所表现出的兴趣、态度和交流能力为主要依据。提倡强化激励和反馈的功能，帮助学生发展多方面的潜能。

(二) 评价目标

通过课程评价，加深教师对"EOLO英语"课堂的深入理解，完善课堂的构成要素，不断丰富总结经验，夯实基础，实现教学最优化。

(三) 评价内容

我校"EOLO英语"课程从学生的语言技能与知识，学习策略与情感，文化交际意识和能力三个方面入手，根据各年级掌握知识点不同，从听说读写方面入手，根据不同年级定制了不同课程评价标准。让学生通过体验、探索、鼓励、乐享，有效地学习英语，在生态英语课堂中充分领会到正确学习英语的方法、运用英语的能力并有效增强学生学习英语的情感。

(四) 评价方法

结合英语学科特点，根据各年级所学课程内容不同，我校定制了不同等级的课程评价标准，同时利用多元评价方式来促进学生学习能力的形成、学习兴趣的提高以及教师专业水平的提升。

学校评价教师，可采用"口语测试＋听力＋笔试＋实践活动的能力检测"四结合的小学英语教学质量检查方式。

教师评价孩子，可以结合教学实际，采取"档案袋"式的评价方法，平时要加强孩子的英语实践活动能力的培养，在形成性评价方面，我们作出了一些有益的探索。其主要做法是：把孩子参加各种英语竞赛活动的成绩，参加节日及学校活动演出的英语节目单，照片或录像带，以及孩子在参加英语活动中所做的个人兴趣爱好调查表，天气情况记录表等素材，集中整理，放进孩子档案袋，可以作为评定孩子英语成绩的重要元素，也可以让孩子自己评价自己。通过填表自查，自我总结，可以促进孩子在英语学习过程中，不断总结自己，不断促进整体提高。同学间互评，也能够帮助彼此取长补短，共同进步，达到生态课堂学生的发展性目的。

学校还可以定期组织家长评价教师的教学行为和教学效果，适时让家长认真评价自己孩子的发展状况和学习状况，能够使多元评价方式更完善、更全面，可以使孩子能够得到最充分的发展。

德国教育家第斯多惠(Adolf Diesterweg)曾经说过："教育是一种教学艺术，它不在于传播本领，而在于激励、鼓励和唤醒"。小学"EOLO英语"教学就是让小学英语教师趣味地教，让孩子趣味地学。切实注重人的发展，既重视孩子的健康的发展，也重视教师的专业成长，同时注意培养家长在家庭教育中良性发展。

表 2-2-3 "EOLO英语"课程评价标准

实施年级	课程内容	课程资源	课程实施	课程评价	评价等级
三年级	Singing Children's Songs	利用教材歌曲以及相关音频、视频。	1. 学唱少儿英语歌曲。 2. 学唱英语儿歌。 3. 做英语游戏。	1. 歌唱语言清晰，综合音乐感觉好，即有较强的理解表现能力，能深入歌曲内容。 2. 整首儿歌演唱富有感情，音乐节奏感强，歌曲演唱完整、热情，并有一定的技能技巧。 3. 整个游戏过程体现合作互助、团结友爱精神。	☆ ☆ ☆ ☆ ☆

续 表

实施年级	课程内容	课 程 资 源	课 程 实 施	课 程 评 价	评价等级
四年级	Picture book Reading	利用图书馆书籍、网络教材等。	1. 绘本阅读。每两周从国家规定的课程中拿出一节课,指导学生阅读《绘本阅读校本课程中安排的篇目》。 2. 整书阅读。按章节顺序给学生大声朗读计划中的书目。	1. 能够用完整连贯的英语大胆地表述对故事内容和情节发展的理解。 2. 理解故事内容,感受绘本,并尝试运用英语将猜测阅读的内容表述出来。 3. 组内分工明确,讨论有序主动,合作互助。 4. 学生积极参与,愿意展示自己,能和同伴一起共同交流阅读心得。	☆☆☆☆☆
五年级	Funny movies	精选迪士尼经典动画中的片段。	1. 在家欣赏推荐动画,认识并记住动画中人物名字与特征。 2. 以分组形式表现动画片断,并与同学们一起交流。	1. 能看懂语言简单的英语动画片或程度相当的英语教学节目,视听时间每学年不少于 10 小时(平均每周 20 ~ 25 分钟)。 2. 能根据电影对话合作互助模仿说话。 3. 能在教师的指导下进行简单的角色表演。 4. 中西方文化求同存异,中西方世界和谐共处。	☆☆☆☆☆

续　表

实施 年级	课程内容	课程资源	课程实施	课程评价	评价 等级
六年级	Classic plays	《木偶匹诺曹》、《绿野仙踪》、《格列佛游记》。	1. 讲解课本剧表演创作常识。 2. 播放英语课本剧的视频,学会欣赏。 3. 熟悉课文,创作课本剧。 4. 识记课本剧的台词。 5. 排练剧本。	1. 对话精炼、地道、纯正,有一定的台词含量。 2. 动作恰当、大方、得体,表演逼真;表情自然、丰富、投入,有一定的表演技巧;配合默契,随机应变,控制场上局面的能力较强。 3. 能利用废报纸、废旧电池、旧服装等自制道具。 4. 剧本渗透生态教育,增强日常环保意识。	☆ ☆ ☆ ☆ ☆

注：最高等级为 5 颗★★★★★,请教师根据学生课堂表现进行评分。

　　总之,英语教师只有树立一个生态趣味教学的理念,才能将小学英语课堂变成快乐的天堂。小学英语学习应当更加注重学生兴趣的培养,而不是英语技能的全方位掌握,给学生制造太大的压力,反而会让他们产生厌学情绪,会对以后的英语教学的实施造成困扰。现代英语课堂教学过程中,学生是教学的主体,教师应当围绕学生的关注点去教学,给学生一种"你的课堂你主导"的感觉。

　　因此,在"EOLO 英语"课堂教学中,教师要善于制造快乐的学习氛围,减轻学生学习的压力,让他们觉得学习英语是一件特别轻松、有趣的事情。在课堂中引导学生去独立的思考问题,帮助他们建立自主学习的习惯,运用灵活的教学方法,调节课堂的节奏,让课堂充满快乐的味道。教师是学生重要的学习引导者,一定要树立生态趣味教学的理念,达到"教师引导学生,学生推动教师;教师得心应手,学生如坐春风"的境地。①

（撰稿人：庄云　蒋李倩）

---

① 史明月.小学英语教学中的快乐英语教学研究[J].新课程(小学),2018,(8)：10.

第三章

大 任 务

探索语言学习内化的深度

语言学习需要有意义的、开放的、真实的学习任务。孩子只有在真实的任务中通过感知、接触、理解、学习和应用过程获得真实的语言经验，并且主动积极地梳理与探究，才能提升自己内在的语言素养。语言的教学目标是通过孩子的语言学习实践来培养自身内在的语言素养，通过技能发展过程来积累语言经验，还通过整合文本资源与英语知识资源的大任务教学设计来实现英语的创造性学习和深度性学习。

梦乐英语：让孩子在快乐任务中体验英语

　　南昌市东湖小学坐落于美丽的东湖之畔，是一座历史悠久的老牌名校。东湖小学从三年级起开设英语课程，现有英语教师4人，其中小学一级教师2人，小学二级教师2人。教研组秉持以"面向全体学生，重视语言学习的实践性和应用性"的新课程理念，强调以各种各样的学习任务为中心，学生在学习时首先要考虑如何完成学习任务，而不是如何学会某种语言形式。围绕东湖小学提倡的"翔梦岛课程"来发挥团队力量，合力打造"梦乐英语"课程。英语组教师在平时的工作中形成了每周定期随堂听课、研思结合的教研风气，并积极参加各级各类的教研活动来提高业务水平及专业素养，在学生中广泛开展英文手抄报、英文小短剧、英文口语比赛、英语作文比赛等各种形式的寓教于乐的活动，逐渐形成了具有我校特色的英语学科教学。

第一节　梦乐英语，筑梦飞翔

一、英语学科性质

　　《义务教育英语课程标准(2011年版)》对英语学科的性质做了如下界定：即义务教育阶段的英语学科具有工具性和人文性双重属性，且两者并重。就工具性而言，英语课程承担着培养学生基本英语素养和发展学生思维能力的任务。就人文性而言，英语课程承担着提高学生综合人文素养的任务，即学生通过英语课程能够拓展视野，丰富生活经历，形成文化意识，增强爱国主义精神，发展创新能力，形成良好的品格和正确的人生观、价值观。工具性和人文性统一的英语课程要求通过英语学习和实践活动，使学生逐步掌握英语知识和技能，提高英语实际运用能力，促进思维品质发展,锻炼意志,陶冶情操,发展个性,为学生的终身发展奠定基础。

　　英语课程在学生发展中的价值体现在,它不仅有利于学生更好地了解世界,还能为他们提供更多的接受教育和职业发展的机会。学习英语能帮助他们形成开放、包容的性格,发展跨文化交流的意识与能力,促进思维发展,形成正确的人生观、价值观和良好的人文素养。①

二、英语学科理念

　　"生活在我们伟大祖国和伟大时代的中国人民,共同享有人生出彩的机会,共同享有梦想成真的机会,共同享有同祖国和时代一起成长与进步的机会。有梦想,有机会,有奋斗,一切美好的东西都能创造出来。"这是 2013 年习近平总书记在全国人大代表大会上的讲话,筑梦飞翔,立德树人,帮助学生扣好人生第一粒扣子,这是习总书记对所有教育人的深情寄托。

　　基于英语学科性质和我校"翔梦岛课程"理念,以东湖小学办学传统、校园文化、生源特点等为依托,紧密联系学科课程育人价值并进行整合,我校英语组合力打造寓乐英语课程,创建彰显学校特色的课程体系。

　　"梦乐英语"课程以语言实践及思维培养为方向,包括基于教材的单元主题实践课、年级跨学科的主题学习、学校综合实践活动等课程。寓乐英语课程以培养小学生的英语学习兴趣为目标,以师生们喜闻乐见、寓教于乐的活动为载体,借助于Club(社团活动)、Exploring(探索任务)、Reading(分级阅读)CLIL(语言和学科)和Drama(戏剧表演)五类形式为支撑(见图 3-1-1 示),通过阅读、探索、表演、社团等活动让学生在形式多样的学习活动中形成初步语感、培养兴趣、打好基础。②"梦乐英语"课程扩展了课程空间,打破了小课堂,强调英语学习的跨学科融合,注重学生语言实践活动中从课堂语言输入到现实生活语言输出的转变,从而促使英语语言学习向英语语言运用自然转化,助推学生对英语学习的认知由语言知识的"客观"走向语言交流的"主观",在实践活动中发展英语语言综合运用能力。

---

① 教育部.义务教育英语课程标准[M].北京：北京师范大学出版社,2012.01.
② 王建平.以课程群构建小学英语高质量课程[J].北京教育(普教版),2018,(9)：44—45.

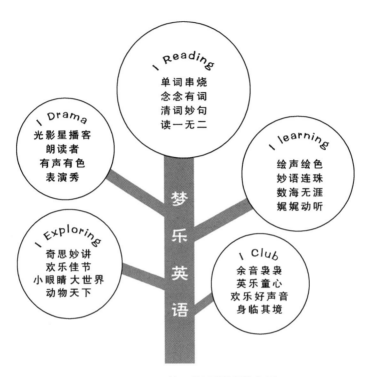

图 3-1-1　"梦乐英语"课程结构图

第二节　智慧闪耀，翔梦少年

一、学科课程总体目标

《义务英语课程标准（2011 年版）》中指出，义务教育阶段英语课程的总目标是：通过英语学习使学生形成初步的综合语言运用能力，促进心智发展，提高综合人文素养。综合语言运用能力的形成建立在语言技能、语言知识、情感态度、学习策略和文化意识五个方面的基础之上。语言技能和语言知识是综合语言运用能力的基础；文化意识有利于正确的理解语言和得体的使用语言；有效的学习策略有利于提高学习效率和发展自主学习能力；积极的情感态度有利于促进学生主动学习和持续发展。这五个方面相辅相成，共同促进综合语言运用能力的形成与发展。

基于英语核心素养对学生不同维度的要求,东湖小学英语组以学生为本,以提高学生语言的综合运用能力和思维能力为指导思想,积极创设寓乐英语课程,来培养学生的综合语言运用能力,即从语言技能、语言知识、学习策略、文化意识和情感态度五个方面来分层实现。

(一) 语言技能

语言技能是语言运用能力的重要组成部分,主要包括听、说、读、写等方面的技能的综合运用。小学阶段学生应达到: 能根据指令做事情,能学唱英语儿童歌曲和歌谣30—40首,能够运用常用的日常用语进行口头表达,并且做到发音清楚,语调基本达意。能在社团活动中用英文进行简单的交际和表达自己的需求。能在教师的指导下用英语做游戏并在游戏中进行简单的交际。能在教师的帮助和图片的提示下描述或讲述简单的英文故事。能够看图识词,模仿范例写句子,并且在书写过程中正确地使用大小写字母和常规的标点符号。能简单的写出问候语和祝福语,并且能根据图片,词语或例句的提示,写出简单的短语。能在学习英文故事情节的基础上,在教师的帮助下自如地表演故事或戏剧。

(二) 语言知识

学生在小学义务教育阶段应该学习和掌握的英语语言基础知识包括语音、词汇、语法以及用于表达常见话题和功能的语言形式。小学阶段学生应达到: 学生在 3—6 年级的学习过程中能够正确书写 26 个字母的大小写,了解简单的拼读规则,了解单词有重音,句子有重读,了解英语语音知识包括连读、重读、语音语调、节奏、停顿等。在日常会话中做到语音语调基本正确、自然、流畅,并根据重音和语调的变化表达不同的情感。词汇方面,在知道单词由哪些词汇构成的基础上,能根据单词的音、形、意、义来学习词汇。初步掌握运用 400 个左右的单词来表达二级规定的相应话题。学生在语法功能方面,达到理解和运用基础语言表达形式来进行表达,并在实际运用过程中体会语法项目的表达方式。掌握并运用以下 20 个语言表达话题: 问候、介绍、告别、请求、致谢、道歉、邀请、个人介绍、家庭、朋友、学校、学习、动物、颜色、购物、身体健康、天气、时间、问路、自然。

（三）情感态度

　　保持学生积极的学习态度是英语学习成功的关键,小学阶段英语学习最重要的目标就是保持学生的学习兴趣。教师应在教学过程中不断地运用多种形式来激发并强化学生的学习兴趣,例如游戏法、视听法、全身反应法、头脑风暴、戏剧表演等。小学阶段学生应达到：在英语学习中,能够体会到英语学习的乐趣。敢于开口,表达中不怕出错,乐于感知并积极尝试使用英语,积极参与各种课堂学习活动。在小组活动中能积极与同伴合作共同完成英文任务。遇到困难时能积极求助。对英语世界的文化和意识形态感兴趣,在了解到中外文化差异的基础上,增强爱国主义意识。

（四）学习策略

　　在英语教学中,教师要有意识地帮助学生形成自己的学习策略。小学阶段学生应达到：懂得积极与他人合作,共同完成学习任务,培养合作意识。遇到问题会主动请教老师或同学,积极处理问题。会根据自己的情况制定简单的英语学习计划,并且对所学内容能自主复习和归纳总结。在词语和实物之间建立联系并能用英语表达自己的需求。在学习中保持专注,并在课堂交流中注意倾听积极思考。尝试独立阅读英语故事及其他阅读读物。积极运用所学英语进行表达和交流,注意观察生活中使用的简单英语句型。懂得初步借助英语工具书进行自主学习。

（五）文化意识

　　语言学习与文化意识的形成是相辅相成的。小学阶段学生应达到：了解英语中简单的称谓语、问候语和告别语。对一般的赞扬请求、道歉告别等能作出适当的反应。知道世界上主要的文娱和体育活动。知道英语国家中日常的食物和饮料。知道主要英语国家的首都、国旗、重要标志物等。了解英语国家中的重要节日。最终使学生在学习和日常生活中能初步形成跨文化意识。[①]

---

① 教育部.义务教育英语课程标准[M].北京：北京师范大学出版社,2012.01.

二、课程年级目标

基于以上五个方面的课程总体目标,依托于学校寓乐英语课程理念,确立我校的英语课程体系目标,来逐步实现对语言综合运用能力培养的总目标。

表3-1-1 "梦乐英语"课程年级目标

年 级	课 程 目 标
三年级	学生能够听懂,会说一些简单的日常用语;会准确无误地在四线三格内写出字母;学生能够在学习过程中逐步形成良好的学习英语的方法;发展学生的语言综合运用能力,帮助学生了解中西方文化的差异,拓展文化视野。
四年级	学生能听懂、会说简单用语;能够在四线三格上正确、熟练、清楚地书写单词;能用英语表达意识,激发学生学习英语的兴趣,培养自主学习的能力,学生对西方文化的热爱和勇于探索未知的精神,通过学习过程中的模仿、合作探究学习,使学生能正确朗读所学内容。
五年级	通过欣赏经典英文歌曲,激发学生学习兴趣和表演热情,了解歌曲演唱技巧;学生能运用所学词汇、语法和句型进行简单的造句,提高读图和阅读简单英文故事能力,培养学生对英语的学习兴趣;能积累知识、激活思维、丰富情感和健全人格等。
六年级	通过课堂学习,指导学生丰富自己的文化素养,提高自己的英语交际能力,锻炼开口说英语的胆量,提升学习自信心;通过阅读适龄的英文书报,拓宽视野,激发对不同文化的兴趣;通过单词的联想,归纳和巩固已学单词,并能根据主题写出一段话;通过学习、小组交流,锻炼学生英语口语交际能力。

第三节　群星灿烂,照亮梦影

我校在开设寓乐英语课程时,一方面考虑到学生的年龄特点,即3—6年级,一方面考虑到寓乐英语的五类形式,即 Club(社团活动)、Exploring(探索任务)、Reading(分级阅读)CLIL(语言与学科)和 Drama(戏剧表演),我校共开设20门课程。

一、"梦乐英语"课程内容

英语课程的学习,既是学生通过英语学习和实践活动,逐步掌握英语知识和技能,提高语言实际运用能力的过程,也是学生磨砺意志、陶冶情操、扩展视野、丰富生活经历、开发思维能力、发展个性和提高人文素养的过程。我校寓乐英语课程从课程总体目标出发[①],分为 I Reading(分级阅读)、I Club(社团活动)、I Learning (CLIL 语言与学科)、I Drama(戏剧表演)和 I Exploring(探索任务)五个方面来进行建构。

(一) I Reading

通过课外阅读,为学生提供大量的接触英语学习的机会,引导孩子通过不同阶段的分级阅读,丰富学生的知识,提升学生阅读理解的层次,拓展学习的深度与广度,积小流而成江海,积跬步而至千里。

(二) I Club

以"回归语言本真"为路径,引导孩子会说,会唱,读出自信,展示自我风采,与同伴分享英语口语的乐趣,在此过程关注英语口语多样化学习的过程体验,树立学生英语口语交流的习惯和意识,热爱口语表达,逐渐形成英语综合表达能力。

(三) I Learning(CLIL)

CLIC 是语言和内容相结合的一种教学模式,CLIL 课堂可以为学生的英语学习提供真实的语境。在 CLIL 课堂上涉及一个学科话题,这个话题贯穿语言学习的始终,学生在学习学科内容的同时,潜移默化地学习语言知识。

(四) I Drama

通过英文故事、童话剧、原声电影等培养学生英语的语感,提升学习兴趣。除此之外 Drama 的实施缩小了中英文化、文字间的差异。优化第二语言教学实施过程,为学生营造类似母语学习氛围,更大程度激发和培养小学生学习英语的积极性和有效性。

---

① 马慧.将人文素养教育融入到高中英语教学的探索[J].科学中国人,2015,(26)：228.

(五) I Exploring

　　伴随多彩的角色和精彩的故事,启发学生一起尽情探索世界。取材真实世界中的话题、文本和人物,使学生将来能在生活中用英语自如交流。通过主题课、故事和动画片,点燃学生的好奇心和探索欲望。

二、"梦乐英语"课程结构设置

　　小学生的认知能力随着年龄的增长而不断增强,因此英语教学应符合学生的认知特点,循序渐进,实现由易到难,由无意到有意,由简单到抽象,这样的教学方式不但使学生易于接受,还能激发学生对英语学习的兴趣,同时还有利于认知能力的提高。"梦乐英语"课程设置以年级为纵向,以学科为横向,呈现立体式、多维度、全方位的特征。(见表 3-1-2)

表 3-1-2 "梦乐英语"课程设置

年级	I Reading	I Drama	I Club	I Learning (CLIL)	I Exploring
三上	念念有词	朗读者	余音袅袅	绘声绘色	动物天下
三下	念念有词	朗读者	余音袅袅	绘声绘色	动物天下
四上	单词串烧	有声有色	英乐童心	妙语连珠	小眼睛大世界
四下	单词串烧	有声有色	英乐童心	妙语连珠	小眼睛大世界
五上	清词妙句	光影星播客	欢乐好声音	娓娓动听	欢乐佳节
五下	清词妙句	光影星播客	欢乐好声音	娓娓动听	欢乐佳节
六上	独一无二	表演秀	声临其境	数海无涯	奇思妙讲
六下	独一无二	表演秀	声临其境	数海无涯	奇思妙讲

第四节　梦乐课堂,向阳生长

　　结合我校"翔梦岛课程"理念,依托教材,利用丰富的课外资源,根据 3—6 年级不同年龄段的学生身心发展特点和认知水平，我校英语教研组致力于创设以活动为载体的寓教于乐的英语课程，让学生充分体验快乐的英语课程。

一、"梦乐英语"课程的实施

（一）建设 Club(社团活动)和 Exploring(语言任务)课程，全面丰富教学内容。

　　Club(社团活动)即学生在丰富多彩的英语社团活动中彰显自我、个性成长。Reading(语言任务)即学生在语言实践活动中学会做人做事。社团活动包括 Song club、Film club、Handwork club 和 Travel club。语言任务包括动物天下课程、"小眼睛　大世界"课程、欢乐佳节课程和奇思妙讲课程。这些丰富多彩的教学内容是符合学生身心发展特点的，也是学生们感兴趣愿意做的。例如在 Travel club，学生们可以用 PPT、图片、视频、手抄报等各种形式分享自己在旅行中的精彩故事。例如在 Handwork club 中，可以让学生制作一些手工，例如英文手抄报、英文贺卡、英文日记本等，这些丰富有趣的教学内容可以激发学生的求知欲，夯实语言基础，增强英语学习的自信心。

（二）建设 Reading(分级阅读)课程，培养学生良好的学习习惯。

　　Reading(分级阅读)即学生在图画和文字的分级阅读中培养阅读能力，养成良好的阅读习惯，可利用英文绘本进行教学。不论是基础课程还是阅读课程，其重点都是培养学生的英语基本知识和基本技能，教师在教学过程中应严格要求学生，培养学生良好的学习习惯，为日后英语的学习打下坚实的基础。例如在 Dairy time 课程中，可以鼓励学生写英文日记，记录自己的日常生活或感悟，以此来锻炼写作水平，同时也能记录自己的成长点滴。在独一无二课程中，要求学生分成四人小组，自由选择阅读的英文著作进行分享，学生们分工合作，有的负责生词的讲解，有的负责文章整体大意的把握，有的负责作者和背景的解析，有的负责著作对现实生活的影响意义，这种新型的阅读群建设可以培养学生独立自主的学习习惯。

（三）I learning(CLIC)和 Drama(戏剧表演)课程，施展学生自我个性。

　　I learning(语言与学科)即在 CLIL 课堂上涉及一个学科话题，这个话题贯穿语言学习的始终,学生在学习学科内容的同时,潜移默化地学习语言知识。Drama(戏剧表演)即学生在英文戏剧表演中,感受到来自戏剧的愉悦体验,感受到西方文化的魅力。自我表达包括 Phonics show、Party time、Talk show 和 Topic report。戏剧表演包括 Story time、歌舞剧、Fairy tale 和 Film clips。这些活动的设计都充分展现了学生的个人魅力,在活动中可以施展自我个性。例如在英文电影片段的活动中,学生们可以自主选择经典片段,自行分组,每个人扮演不同的角色,充分展现学生的个性魅力。

二、"梦乐英语"课程的评价方案

评价是英语课程的重要组成部分。英语课程的评价应根据课程标准规定的课程目标与要求,采用科学、合理的评价方式和方法,对教学的过程和结果加以及时、有效地监控,以对教学起到积极的导向作用。英语课程的评价要尽可能做到评价主体的多元化,评价形式的多样化,评价内容的多维化。学科课程评价应采用形成性评价与终结性评价相结合的方式,既关注过程,又关注结果,使学习过程和学习结果的评价达到和谐统一。

表 3-1-3 "梦乐英语"课程形成性评价参考方案

内　容	目　的	评　价　标　准	评价方式	注　意　事　项
I Club	激发孩子学习英语的兴趣。	A. 积极参与,善于合作,应变能力强。 B. 主动参与,能够合作,有一定的应变能力。 C. 能参与,有一定的合作意识。 D. 不参与。	小组评价 教师评价	在进入 club 时,一定要事先讲解规则,教师要有一定的调控能力,注意观察孩子情况,调动和引导孩子的积极性。
I Reading	培养孩子的阅读能力。	A. 读课文时语音、语调正确,节奏及韵律感强,熟练。 B. 读课文时语音、语调基本正确,节奏及韵律感较强,较熟练。 C. 读课文时语音、语调基本正确,有一定的节奏及韵律感。 D. 不能正确朗读。	孩子自评 小组评价 教师评价	适时鼓励一部分孩子在原有绘本内容的基础上替换自己的词语。

内　容	目　的	评　价　标　准	评价方式	注　意　事　项
I Learning	培养孩子的自我表现能力。	A. 语音、语调正确,吐字清晰,能表达自己的情感。 B. 语音、语调较正确,吐字清晰,表达较好。 C. 吐字基本清晰,能表达基本意思。 D. 不能表达自己的意思。	小组评价 教师评价 家长评价	1. 不要过分强调孩子语言的规范性。 2. 不应过分强调孩子语音、语调的正确。
I Drama	培养孩子的合作能力。	A. 能灵活运用语言材料,在情景中进行真实的交流,语言流畅,有一定创造力和感染力。 B. 能恰当地运用语言材料,在情景中进行较真实的交流,语言较流畅。 C. 能根据语言材料进行基本的交流。 D. 不能正确的表达语言材料。	孩子自评 小组评价 教师评价	1. 教师要因人而异,客观地评价每位孩子,帮助每位孩子获得成功。 2. 不过分挑剔孩子表演过程中所犯的语言性错误,大胆放手让孩子自由发挥。
I Exploring	培养孩子的语言知识。	A. 能独立复述所看内容。能回答教师提出的问题。 B. 基本能复述所看内容。能回答教师提出的问题。 C. 在他人的引导下,能简单复述所看内容,能回答教师提出的问题。 D. 不能复述所看内容。不能回答教师提出的问题。	孩子自评 教师评价	1. 教师要注意引导孩子养成良好的视听习惯,学会倾听他人的语言。 2. 教师应在必要时给孩子语言上的帮助。

表 3-1-4　"梦乐英语"课程终结性评价参考方案

形　式	评价内容	评价标准及等级
终结性评价	口语表达能力	A：展示时语音语调标准,朗读自然流畅,回答问答准确无误,整体有 0—2 处错误。 B：展示时语音语调较标准,朗读较流畅,回答问题基本正确,整体有 3—4 处错误。 C：展示时语音语调不标准,朗读不流畅,回答问题不能正确表达,整体有 5—8 处错误。 D：展示时语音语调极不标准,基本不能朗读课文,无法回答老师问题。

续　表

形　式	评价内容	评价标准及等级
终结性评价	语言知识和技能(以试卷为准,满分100分,包括听力和笔试内容)	A: 能独立完成试卷。分数在 90—100 分之间。 B: 基本能独立完成试卷。分数在 75—89 分之间。 C: 基本能独立完成试卷。分数在 60—74 分之间。 D: 不能独立完成试卷。分数在 60 分以下。

总之,"梦乐英语"提倡教师应当围绕特定的交际和语言项目,设计出具体的、可操作的任务,学生通过表达、沟通、交涉、解释、询问等各种语言活动形式来完成任务,从而达到学习和掌握语言的目的①。教师要有意识地帮助学生形成适合自己的学习策略的能力。在英语课程实施中,帮助学生有效地使用学习策略,不仅有利于他们把握学习地方向、采用科学的途径,提高学习效率,而且还有助于学生形成自主学习的能力,为终身学习奠定基础。

（撰稿人：蔡苏琦　邬蓓蓓）

---

① 国家教师资格考试研究中心.教育教学知识与能力小学[M].北京：人民邮电出版社,2016.01

乐思英语：让"活力"与"思维"齐飞

为纵深推进多样课堂模式适应学生发展，扬子洲学校初中部英语组以"乐思英语"课程群为突破口，有效改进课堂教学方式，让学生在真实的教学情境中带着任务学习，激发学习兴趣和动机，从中发展认知能力和处理问题能力，促进学生学习兴趣和综合能力的全面发展。教研组现有中学英语教师 10 人，其中中小学高级教师 5 人，一级教师 3 人，有区级骨干教师、区优秀教师，部分教师在开发校本课程的过程中已具备一定的课程资源开发能力，遵循学校办学理念："扬子之长　顺性生长"，教研组尝试以激发学生学习活力、培养学生创新性思维能力为中心，从"趣、韵、秀"三个维度设置学习任务展开生活体验、合作探究。

第一节　扬子洲上　潮起展帆目至远

一、学科课程价值观

《义务教育英语课程标准（2011 年版）》指出："基础教育阶段英语课程的目标是以学生语言技能、语言知识、情感态度、学习策略和文化意识的发展为基础，培养学生英语综合语言运用能力。"课程标准第一次从工具性和人文性两个方面明确了英语课程的双重性质，并对其内容进行了阐释。概括来说，在工具性方面英语课程承担着培养学生基本英语素养和发展学生思维能力的任务；在人文性方面，英语课程承担着提高学生综合人文素养的任务。英语学科课程的性质有着丰富的学科育人内涵，工具性和人文性统一的英语课程有利于为学生的终身发展奠定基础。[1] 课

---

[1] 教育部.义务教育英语课程标准[M].北京：北京师范大学出版社,2012.01.

程标准构建了基于英语学科核心素养的学科育人框架，并设定了培养和发展学生的英语学科核心素养的具体目标，提出了"立德树人"的核心理念目标。因此，在素质教育思想下，教师要结合教材内容来组织多种活动，以期能够调动学生的学习热情，使学生在主动求知和自主学习中真正成为英语课堂的主人。

怎样让英语课引领育人价值呢？

学科课程建设是学校课程建设的核心内容。落实立德树人，基于核心素养的学科教学最终目标就是走向学科育人，学科教学要向课程要质量，挖掘整个课程的潜力，而不只是单一课堂教学的潜力；要向优化的课程结构要质量，挖掘学科教师的潜力，向构建高质量的课程发展。通过任务型教学模式，把语言运用的基本原理转化为具有实际意义的课堂教学方式。教师围绕特定的教学目的和语言项目，设计出各种教学活动，学生通过这些语言活动完成语言学习任务，最终达到学习语言和掌握语言的目的，即实施任务型教学。[①] 任务型语言教学充分体现了以学生为中心以及注重学生合作学习的教学理念。设置并完成学习任务的过程就是学习者经历学习的过程。学生在完成任务的过程中，获得知识，应用这些知识去实践、运用，进行知识的新建构。学习者只有在真实的任务中通过表达与交流，实践与体验，获得真实的言语经验，并且主动积极地梳理与探究，才能提升自己内在的英语素养。培养学生核心素养，需要让他们置身于丰富多样的真实情境，在有意义的任务和活动中不断实践、反思、讨论、评价。

教师在课堂上进行任务型语言教学的同时，让学生在体会中外文化异同中形成跨文化意识，增进国际理解，弘扬爱国主义精神，寓思想教学于语言教学之中。在组织学生进行听说读写译和讲解语言知识的过程中，教师通过生活体验、合作探究、展示交流等一级任务驱动等教学方法和手段，将德育教育有机融入英语教学过程中，使学生通过自己的学习和思考[②]，在学习语言知识与技能的同时，也培养良好的品格，形成正确的人生观、价值观和道德观，成为具有基本人文素养的新时代青少年。

---

① 李琳莉.任务型教学法在大学英语教学中的运用[J].陕西教育：高教版,2007,(12)：24.
② 项伙珍.关于高职院校大学英语"课程思政"的几点思考[J].长江工程职业技术学院学报,2019,第36卷(4)：30—32.

二、学科课程理念

我校英语学科课程建设是基于英语学习促进学生发展，挖掘课程的育人价值与功能，对学科知识与技能、教学活动、教学情境和校园英语环境等进行规划设计、组织实施的过程。通过课程化整合零散的英语活动，实现国家课程和校本课程的有效整合，形成能够促进学生发展的多领域、多层次、可选择、多元化、校本化的英语学科课程体系，实现学生对英语语言的深度学习。

在英语学科课程构建过程中，我校重点抓英语学科的育人功能，将学校的办学理念、课程文化和育人目标的特质融入学科课程之中，设置任务型教学贯穿特色课程实施，在路径探究中初步形成一些思路及思考。在不断的教学实践中，立足我校"扬长教育"学情校情，领会课改理念，践行素质教育，充分体现"活力课堂"的多元、人本、自主、合作、探究等灵动元素，通过改变教师教的方式、学生学的方式和知识呈现方式，让学生动起来，感官动起来，行为动起来，思维动起来①，交流动起来，展示动起来，进一步促进英语学科发展，充分发挥项目建设的辐射引领作用，改进教与学的方式，促进英语教师专业化发展，促进学生快乐学习，促进我校特色发展。基于此，我们提出以"活力思维课堂"的"乐思英语"为核心的英语学科课程理念。

"乐思英语"课堂，就是重视每一个学生的主体性，并让他们获得温馨、乐趣和成功的心理体验；"乐思英语"课堂，就是引导学生带着自己的知识、经验、思考、灵感、兴致参加学习活动，每个学生都是学习的主人；"乐思英语"课堂，就是让每位学生都得到老师、同伴们的肯定、鼓励、欣赏和赞美，享受到自我实现的满足；"乐思英语"课堂，就是顺乎学生的天性，没有传统的约束，没有条条框框和绳绳索索，就是用平等、自由、宽松、和谐、互动、合作谱写的一支快乐的课堂交响曲。②

"乐思英语"课堂主要从下面几个方面体现：

(一) 通过课程建设,提升教师专业发展。

创设教学环境，更新教师理念，转变教学方式，促进英语教师专业发展和队伍建设。

---

① 王建平.以课程群构建小学英语高质量课程[J].北京教育(普教版),2018,(9)：44—45.
② 于水.如何创造快乐的英语课堂[J].散文百家,2015,(5)：263.

（二）通过课程建设，培养学生探究能力。

引导学生自主学习、小组合作学习，促进学生综合素质全面发展。

（三）通过课程建设，构建"乐思英语"教学模式。

融合其他教学模式的成功经验，运用建构主义学习理论，充分地给学生创设在生活情境中学习和使用英语的机会，优化课堂结构、转变学生学习方式和教师教学方式的表现，进一步促进学生知能结构的优化和人格建构的完善。生活体验——合作探究——展示交流课堂模式的构建，提升英语学科教学质量，改变高耗低效的局面。

（四）通过课程建设，设置英语任务型语言教学。

英语任务型语言教学，是一种以任务为中心的英语教学法，它是师生通过用英语对话、交流和意义创生等方式，让学生完成一系列根据其发展需求而设计的教学任务，使学生通过用英语做事情去达到学习目标，实现跨文化交流和创新。[①] 英语任务型语言教学强调以各种各样的英语学习任务为基础，学生在完成任务过程中必须有思考的过程，即学生首先要考虑如何完成学习任务，而不是如何学会英语语言形式。它是把英语语言应用的基本理念转化为具有实践意义的课堂教学方式。英语任务型语言教学关注英语学习的过程，强调学生之间以及学生与教师之间的多边互动，力图创立一个自然真实的语言环境，使学生在完成任务的过程中，通过交流互动发展学生的英语语言能力，特别是英语交际能力。[②]

（五）通过课程建设，探究课堂灵动活力教学模式。

探究课堂灵动活力教学模式，其核心在于体现"主导"与"主体"的有机统一，实现"教"与"学"的和谐共振。具体表现在：

1. "一中心"，即以激发学生学习活力、培养学生创新性思维能力为中心。

---

① 国家教师资格考试专用系列教材编委会.英语学科知识与教学能力　高级中学 2014—2015[M].北京：教育科学出版社,2014.2.
② 王在丽."英语学得"与我国英语课堂教学新内涵[J].山东外语教学,2007,(4)：106—108.

2."两条线"，学生：预习定标→自主探究→合作达标→展示交流→巩固训练→整合提高。教师：激趣导入→目标确认→引导探究→互动展示→小结强化→反馈矫正。

3."三个维度"，即课堂教学过程从三个维度进行展开："趣"——生活体验、"韵"——合作探究、"秀"——展示交流。"趣"——生活体验：教师积极创设真实生活情境，调动和激发学生自主学习的情绪，引导学生在真实语境下体验、理解并运用语言。"韵"——探究合作：在学生自主学习、独立思考的基础上，尚不能自行解决的问题，通过"生生互动、师生互动、组组互动"，相互合作，相互交流，共同研讨，共同提高。"秀"——展示交流：学生可根据教师的分工，把小组合作研究的问题利用各种方式向全班展示，教师随时进行引导、点拨、强调、提升，以拓宽知识面，加深对知识的理解和运用。① 在此过程中，应及时对学生及小组的表现加以肯定，增强学生的学习信心。

第二节　勤学善思　寓教于乐培素养

一、学科课程总体目标

《义务教育英语课程标准(2011版)》中提出英语课程的总目标：通过英语学习使学生形成初步的综合语言运用能力，促进心智发展，提高综合人文素养。以语言技能、语言知识、情感态度、学习策略和文化意识等五个方面共同构成的英语课程总目标，既有利于学生发展语言运用能力，又有利于学生发展思维能力，从而全面提高学生的综合人文素养。

综合语言运用能力的形成建立在语言技能、语言知识、情感态度、学习策略和文化意识等方面整体发展的基础上。语言技能和语言知识是综合语言运用能力的基础；文化意识有利于正确地理解语言和得体地使用语言；有效的学习策略有利于提高学习效率和发展自主学习能力；积极的情感态度有利于促进主动学习和持续

---

① 邱银生.放飞思维　展示精彩——"导·激·研·促"课堂教学模式的实践[J].思想政治课研究，2015,(4)：91—93,48.

发展。这五个方面相辅相成，共同促进学生综合语言运用能力的形成与发展。①

二、学科课程年段目标

基于以上目标，依托以"趣、韵、秀"为引领的课程规划，按照七年级、八年级、九年级确立我校的英语课程体系目标，来逐步实现对英语语言综合运用能力培养的总目标，我校"乐思英语课程"具体分类目标见下表：

表 3-2-1 "乐思英语"课程具体年段目标

课程名称		达 成 目 标	具 体 学 习 目 标
"趣"——生活体验	七年级上	1. 对英语学习表现出积极性和初步的自信心； 2. 能听懂有关熟悉话题的语段和简短的故事； 3. 能用简单的句子描述图片、编写简单故事、简要描述一件事情、参与简单的角色扮演等活动。	◇ 尝试根据单词的音、形、义来学习并熟悉记忆所学单词，能通过小组合作方式总结学习方法、探索学习策略； ◇ 能够简单说出问候语和祝福语；能根据图片或者关键词的提示说出简单的语句； ◇ 能简单交流介绍自己的生活背景、学习爱好等。
	七年级下	1. 能尝试使用适当的学习方法，克服学习中遇到的困难； 2. 能意识到语言交际中存在的差异。	◇ 能用简单语句描述图片内容； ◇ 能根据图片信息或是给出的既定信息说故事，开拓学生的想象力，培养学生的思维品格； ◇ 尝试根据老师给的提示进行拓展性思维； ◇ 能在教师的指导下表演场景故事。
"韵"——探究合作	八年级上	1. 有明确的学习需要和目标，对英语学习表现出较强的自信心； 2. 能在所设日常交际情境中听懂对话和小故事； 3. 能用简单语言描述自己或他人的经历，能表达简单的观点； 4. 能读懂常见文体的小短文和相应水平的英文报刊文章；	◇ 老师指导学生运用阅读策略进行阅读活动：能使用适当语言进行职业面试； ◇ 老师给出既定表演话题指导学生进行角色扮演：能根据老师的具体指令参与各项英语游戏活动。能编写简单的故事情节，表演场景。

① 教育部.义务教育英语课程标准[M].北京：北京师范大学出版社,2012.01.

课程名称		达 成 目 标	具 体 学 习 目 标
"韵"—— 探究合作	八年级下	1. 能合作起草和修改简短的说明、命令、规则等; 2. 能尝试提取信息、拓展知识、解决简单的文体并描述结果; 3. 能在学习中相互帮助克服困难; 4. 能合理安排学习任务和制订学习计划,积极探索适合自己的学习方法和策略; 5. 在学习和日常交际中能注意到中外文化的异同。	◇ 能在教师的引导下积极与他人合作,形成调查报告; ◇ 能通过英语成语故事或是俚语故事让学生了解英美文化及日常习惯; ◇ 能围绕老师布置的话题发表自己的意见和想法。
"秀"—— 展示交流	九年级上	1. 有较明确的英语学习动机、积极主动的学习态度和自信心; 2. 能听懂有关熟悉话题的陈述并参与讨论; 3. 能与他人交换信息并陈述自己的意见; 4. 能读懂相应水平的报纸、杂志等读物; 5. 能根据阅读目的运用适当的阅读策略; 6. 能根据提示独立起草和修改小作文。	◇ 了解世界国家国旗,歌曲以及节日和体育活动,知道各个国家风土人情及文化习俗; ◇ 围绕老师给出的话题,指导学生通过正反方用英语辩论,开拓思维,培养思维品格; ◇ 指导学生在所给提示下用英语作出合理的推测及判断,解决问题并描述结果; ◇ 尝试阅读英语故事及其他英语课外读物; 能用简单的语言描述自己或他人的经历并表达观点。
	九年级下	1. 能与他人合作,解决问题并报告结果,共同完成学习任务; 2. 能对自己的学习进行评价,总结学习方法; 3. 能利用多种教育资源进行学习; 4. 进一步增强对文化差异的理解和文化。	◇ 课堂上积极思考,主动参与讨论,交流信息并陈述自己的观点意见; ◇ 能在小组活动中积极与他人合作,相互帮助,解决问题并汇报结果,完成任务; ◇ 了解世界各地地理、文化、风俗,语言,在学习和日常交际中,主动探索中外文化的异同; ◇ 能根据阅读目的运用适当的阅读策略,能根据提示独立起草和修改小短文,学习规范修辞及文体知识、合乎英美习惯的语言使用知识; ◇ 能积极展现自我,充分表现自信,彰显自我风采。

第三节　耘馨园中　融趣呈韵秀纷纷

一、学科课程结构

　　通过对课程的重新梳理,我们在原有基础上,对英语校本课程进行了再次系统、科学的开发,教师通过创设充满活力的学习氛围,利用听、说、读、写、玩、演、视、听、做等教学手段促进学生再思考、再生成,培养学生良好的思维品格,提升英语学科素养。课程设置及框架表如下:

表 3-2-2　"趣、韵、秀"活力高效英语课程框架表

任　务	课　程　名　称
"趣" ——生活体验	◆ Super word ◆ Memory challenge ◆ Party time ◆ Self-introduction ◆ Picture sharing ◆ Story time ◆ Brainstorming ◆ Role play
"韵" ——探究合作	◆ Enjoy Reading ◆ Job interview ◆ Scene play ◆ Game show ◆ Act time ◆ Survey time ◆ Proverb time ◆ Talk show
"秀" ——展示交流	◆ Travel club ◆ Super debater ◆ Brain game ◆ Reading club ◆ Speech time ◆ Top talk ◆ Best partner ◆ Universal studios ◆ Writing time ◆ 我型我秀 My show

二、学科课程设置

表 3-2-3　"乐思英语"课程活力高效英语课程设置

课程类别	生活体验	合作探究	展示交流
七年级 上学期	Party time	Super word Memory challenge	Self-introduction
七年级 下学期	Role play	Story time Brainstorming	Picture sharing
八年级 上学期	Job interview	Enjoy Reading Game show	Scene play
八年级 下学期	Talk show	Proverb time	Act time Survey time
九年级 上学期	Speech time Travel club	Brain game Reading club	Super debater
九年级 下学期	Top talk	Universal studios Writing time	Best partner 我型我秀 My show

　　按照以上学科课程框架,在七、八、九年级分层次设置任务型的学习内容,以任务为本的学习不仅仅局限于语言的实践,它是一种"从做中学"(learn by doing things)的活动过程。英语是一门语言学科,教师在课堂上进行语言教学时,其任务并非是让学生记忆孤立的单词、脱离语境的句子、枯燥乏味的语法规则,而是根据具体的目标设计出各项能将词汇、语法和功能有机结合起来的交际活动,通过进行这些活动完成教学任务,实现教学目标。任务型语言教学的意义正在于此。在活动中使学生掌握如何运用适当的语言把要求做的事情做好。通过任务学习可以让学生充分体验到如何灵活运用语言。任务型教学把语言能力目标与实践能动目标紧密联系起来。其不仅仅是一种教学思想、教学方法,而且是一种教学模式。英语课堂教学应具有"变化性互动"的各项活动,即任务,学生在完成任务过程中进行对话互动,进而产生语言习得。任务教学能够为学生提供更大的思考和想象空间,既有助于培养学生的思考能力,又能激发学生的学习兴趣,引导他们运用已有的知识去挑战新任务。[①] 当然,对于教师而言,也要提出更高要求,如必须认真研读教材,

---

① 李雪;史磊;曹菲.外语教学流派指引下的多维立体教学模式的建构[M].哈尔滨:哈尔滨工程大学出版社,2014.08.

根据教材用心设计教学任务,利用"任务"驱动学生积极主动学习。

第四节　探知求识　活力课堂育成长

一、打造"活力思维"课堂,推进学科课程实施

　　根据英语课程结构,我校从学生实际出发,将英语课程分为国家基础课程及拓展性特色课程,互相整合渗透,通过听做、说唱、玩演、读写译和视听培养学生对英语学习的兴趣及提升英语学习能力。如以英语原版的视听材料为载体,英语动画片、英语电影、英语歌曲、英语故事等,感受英语语言的魅力。在推进学科课程实施过程中,设置丰富多样的学习活动和不同层次的学习任务并对完成情况进行评价,以探索问题和完成任务来引导和维持学生的学习兴趣和动机,让学生带着问题思考、带着问题探究,拥有学习的主动权。[1] 通过学生的自主学习,使知识由外向内转移和传递,不断丰富,实现学生自主建构知识,提升英语素养。这样的任务教学能激起学生的好奇心,激发他们的探究热情。

　　英语课程总目标即体现了英语学习的工具性,也体现了其人文性。本课程群遵循学生的兴趣和需求,在国家课程的基础上,进行拓展。促进学生发展语言运用能力和思维创新能力。通过口语交际,情感熏陶,注重任务性学习,感受语言美,感受时代需求,从而提高学生的综合人文素养。

(一) "活力思维"课堂的基本要求

　　"活力思维"课堂遵循我校"扬长教育"办学理念,通过丰富多彩的英语活动栏目和学习方式的实践,增长学生见识,激发学生的兴趣,激活学生的学习潜力。学校将充分利用校园环境、人文氛围等载体,积极创设英语课程的物质文化环境和精神文化环境,重点加强教室、走廊、过道等物态的学习载体建设,设计双语文化标识和橱窗,展示扬子洲风景文化、西方国家的风土人情等。学校将建立英语教学中

---

[1] 高梅,刘艳. 农村普通高中英语学科课程群建设实践研究[J]. 基础教育论坛,2016,(10): 36—38.

心、配备自动录播系统、升级阅览室、充实图书馆英文读物的基础上，建立英语信息生活体验中心，开设人机对话系统，添置英语训练、测试软件，为学生提供现代化的语言学习实践平台，提供更多的学习英语的渠道。

依托学校英语课程建设项目，学校组建一支由市、区级骨干教师和校级优秀教师组成的教师队伍，在共建学校的扶持下开发出符合学生年龄特点的英语生活校本课程，比如"英语播音员"、"英语影视"、"英文读者"、"英语沙龙"等校本课程内容。组建低、中、高三个层次的学生社团，开展每周一次的英语社团活动，及时跟踪报道。让学生在生活情境中体验和交流中，提高学习英语的兴趣，激发不同学生自身的英语潜质，并逐步将校本课程向日常英语教学渗透。丰富校园网站内容，安装语言学科平台，为师生互动、教师交流提供在线平台。

(二)"活力思维"课堂的推进策略

"活力思维"课堂致力于课堂活力高效。大力推进"活力高效课堂"模式：一是以课堂教学为主阵地，实施"自主学习——生活体验——合作探究——展示交流——评价提升——检测反馈"的教学实践与研究，师生共同在英语课程文化中感悟、寻求发展；二是以"评价选课"为引领，以校本课程开发为补充，开发出符合学生年龄特点和兴趣爱好的英语校本课程资源，为不同潜质、不同个性的学生提供多样化的选择与帮助。三是以课题申报与研究为引领，在课题研究过程中，积累下丰富的课程资源，为英语课程基地建设做好理论支撑和方向引导。

(三)"活力思维"课堂的评价标准

表 3-2-4   "乐思英语"课程"活力思维"课堂的评价标准表

班　级		授课学科		授课教师	
课题				评课人	
评估内容	评　估　细　则			等级分	
激发学生兴趣	1. 手段优化：恰当运用现代教学手段(电教仪器或教具)，直观、形象、生动。				
	2. 创设情景：精心设计问题情境，导入清晰、过渡自然、有吸引力，问题设置有梯度，提问语言简洁。				

续 表

评估内容	评 估 细 则	等级分	
激发学生兴趣	3. 示范示例：做好示范,精心设计课例,为每个学生提供平等参与的机会,既面向全体学生,又注意个体差异,因材施教,使每个学生在原有的基础上都能得到不同程度的发展。		
	4. 鼓励评价：教态和蔼,有激情,师生、生生感情融洽。重视学生情感价值观的开发,有聆听学生发言的习惯,及时采取积极、多样、鼓励性的评价方式,充分调动学生学习的积极性。		
培养学生习惯	1. 组织教学：课堂教学环节严密、适当,气氛活跃,小组合作学习有序有效,有利于教学目标的实现。		
	2. 规范训练：课堂常规训练频率高,针对性强,全员参与,收效大。		
	3. 学习习惯：学生学习活动所需要的各种相关材料准备充足,质量高,针对性强。有良好的听、记、讨论、举手反馈等习惯。学生敢于质疑问难,能提出有意义的问题和新的见解。		
	4. 自学能力：预习到位,独立思考,主动探索,有良好的预习习惯。		
导学方法策略	1. 以学定教：学习目标明确,科学的选择与优化教学内容,对学生的学习活动进行针对性的指导,使学生会学、乐学。		
	2. 指导科学：重方法、重过程,师生、生生交流平等、积极;培养学生的动手动脑、独立操作和观察能力,鼓励学生发现问题、提出问题、分析解决问题。指导学生进行课堂总结,实现预期目标的基础上,在某个方面具有创造性和新意。		
	3. 信息反馈：分层训练、分层指导、分层评价,当堂检测、及时反馈。		
	4. 教师素养：具有优良的专业素养,教学理念先进,教学基本功扎实。语音流畅,表达准确、严谨,板书工整、条理、清楚,教态亲切自然。		
教学效果	1. 学习效果：学生参与教学活动态度积极,热情高、信心足、参与主动、思维积极,自主学习的意识强、效果好;训练达到预期目标,部分达到拓展性目标,能用学到的知识解释生活中的现象。		
	2. 课堂效果：学习活动科学、有效,既注重教学目标的达成,又重视学生良好习惯的培养。全班不同层次的学生都参与学习的全过程,而且有充分参与的时间空间(教师的讲解不得超过 15 分钟),并进行有效的合作、探究、交流。		

评估内容	评　估　细　则	等级分
教学效果	3. 目标达成：绝大多数学生学习积极主动，并能在学习和解决问题过程中形成一定的能力和方法，学生学习习惯好，学习能力强，学习目标达成度高；同时每位学生情感、态度、价值观等方面得到相应的发展，能体验到学习和成功的喜悦，有进一步学习的良好愿望，能初步形成对事物正确的价值判断。	
总评		等级

注：按照完美达成、较好达成、基本达成、未达成的程度档次用 A、B、C、D 分别给予评价。

二、倡导"乐思英语"学习，培养良好的英语学习习惯

(一)"乐思英语"学习的基本要求

　　基于核心素养的校本课程建设，不仅改变了教师的教学方式、学生的学习方法，同时也带动了学校整体工作的开展。校本课程研究，宗旨在于关注学生的个性发展，尊重学生的个体差异，积极创造条件让每个学生都能找到个性潜能发展的独特领域和生长点。校本课程建设的构建需要教师不断更新教学理念。教学理念是人们对教学和学习活动内在规律的认识的集中体现，同时也是人们对教学活动的看法和持有的基本的态度和观念，是人们从事教学活动的信念。树立新的教学理念，转变传统的教学方式，不能简单地看作是单纯的教学方法的改革，必须上升到"课改"基本特征的高度，深化到全面推进素质教育的深度，从根本上讲，从而实现课程与教学的整合。鉴于此，"乐思英语"学习的基本要求体现在下列方面：

　　1. 学生习惯改变，小组合作学习方式的形成，成绩的有效提升。课堂教学是师生双边活动的过程，坚持以教师为主导、学生为主体、让学生主动学习为主线，从学生的主体作用的发挥上来发挥教师的主导作用。教师的主导作用主要体现在激发学生的学习兴趣，启发学生思考，引导学生观察、操作、表述，指点学习方法，控制与调整学生的学习活动。学生的主体作用表现为拥有学习的主动权，让他们自主地进行尝试、操作、观察、想象、讨论、质疑等探究活动。

　　2. 教育教学资源丰富充实，辐射示范作用突出。在完成国家课程所规定的基本内容前提下，拓宽课程内容的深度和广度。教师可以利用学校的各种多媒体等

教学资源及设施: 音像、广播、英语报刊、图书、班班通、录播室等开展微课堂和多媒体教学。创造性地开发利用各类型教学资源拓展学生学习能力,和运用英语的渠道培养跨学科意识。

    3. 在设计英语教学任务时遵循以下几个方面: (1) 活动要具有可操作性; (2) 以学生的生活经验和兴趣为出发点,任务的内容和方式应尽量真实; (3) 活动要有助于学生英语知识的学习、语言技能的掌握和语言能力的提高; (4) 活动应积极促进英语学科和其他学科知识的相互渗透,使学生的想象力、审美情趣、艺术感受、协作能力和创造能力等综合素质得到发展; (5) 活动不限于课内,也可延伸到学生课外的学习和生活中。

    今天的教师应既传授知识也传递资讯,提供学习资源更指导学习方法,帮助学生充分发掘智力的潜能。正如古语云: "授人以鱼,不如授人以渔。"因为授人以鱼只救一时之急,授人以渔则解一生之需。

(二)"乐思英语"学习的评价要求

    我校课程建设结合学生的学习和发展实际,采用过程性的形成性评价与终结性评价相结合的评价方式,评价学生综合运用语言能力的发展水平。坚持评价的科学性、导向性、激励性、参与性、可行性和阶段性原则,以形成性评价为主,以学生平时参与各种英语教学活动所表现出来的态度、思维、交流能力为主要依据。终结性评价则以班级测评和市期中、期末考试相结合的方式进行。[①]

三、设立"乐思英语节",激发学生英语学习兴趣

(一)"乐思英语节"的实践操作

    校园是学生学习活动的主要场所,合理利用教室、操场开展各种英语相关活动,如英语演讲,英语朗读,英语情景表演,英语舞台剧等。以英语节形式展开。创设校园英语文化节,锻炼学生英语学习输入与输出环节,即锻炼学生听说读写能力,又更好地提升学生的综合能力,为学生的实践能力打下基础。同时文化节目创

---

① 李霞. 英语任务型教学理论与实践探微[J]. 贵州教育,2006(08): 29—30.

设,促进了个体与合作结合,学生以个体或者是以集体的形式参加活动,促进合作交流。在实施过程中,学生积极参与,有效合作,领悟到了快乐学习的宗旨。品质文化节的内容丰富,能让学生个人的兴趣爱好与个性发展特点结合,有效营造了轻松的学习氛围,让学生快乐学习,高效生活。在英语节项目安排上,注重结合中国传统节日,开展相对的主题活动,把中国传统节日与英语节活动灵活结合起来。再利用廊道、校园文化墙、橱窗展等,展示英语节成果,激发学生对英语学习的兴趣和热爱,体验英语,提高学生的国际视野。创设多彩的校园文化艺术氛围,在教室张贴学生作品,静心布置校园文化墙,橱窗展,通过定期筹办校园英语艺术节,让学生在浓厚的节日氛围中,在多彩蕴含生动与活力的校园环境中感受英语魅力,品味学习快乐。"乐思英语节"创办,需要全体英语组成员通力合作,协作完成。精心编写策划书,列出各项细节,包括指导思想、活动主题、参加对象、活动内容、活动时间及安排、奖项设置、具体要求、报名及活动时间安排等要素,并且,根据不同年级,不同时段设立文化节主题。英语节策划书首先是遵循、结合校情校本资源和学生学情;其次注重主旨鲜明,目的明确,真正落到实处,促进校园文化建设及英语品质课程的有效推进。

(二)"乐思英语节"的评价要求

针对"乐思英语节"评价,从学生的语言技能、学习策略、交际能力多方面入手,围绕听、说、读、写、玩、演、视、听、做等方面的能力展开。在英语演讲,英语朗读,英语情景表演,英语舞台剧等等,让学生通过体验、尝试、鼓励、分享,综合培养他们在听说读写、玩演视听做各方面的能力。

四、建立"乐思英语社团",享受英语学习的快乐

(一)"乐思英语社团"的类别与实施

学校将根据英语课程的实施方案,根据学生基础,不同兴趣点开设不同类别的社团。如：talk show、speech time、travel club、role play、English songs, English movies 等。英语社团活动是课堂的延伸,是英语爱好者自我拓展的平台,其内容源于教材又高于教材。社团活动在课外进行,内容形式丰富多样,既培养兴趣又补充

知识，兼具娱乐性和教育性，重点让更多学生参与 English reading club。根据学生的阅读水平，给他们提供相应级别的阅读书目。培养学生的阅读技能与技巧，让他们学会阅读。通过不同类别的社团课，老师引导并教授一系列技巧方法和知识，拓展和提高学生听、说、读、写、玩、演、视、听、做等方面的能力。培养学生的英语综合运用能力，增加学生学习英语的信心。

（二）"乐思英语社团"的评价要求

　　评价是镶嵌在教与学过程之中的一个成分，与"教学""学习"一起构成三位一体的整体。利用问卷调查了解学生的需求正是教师有的放矢的捷径。将学生的需求作为课程以及教师的评价标准，时刻衡量课程才能不偏离自己的特色走到其他课程的模式中去。在教学过程中。注重从细节入手提高成效。对每个学生的出勤情况、活动参与度、积极思考发言、小组活动、成果展示等方面给予详细的记录。简单的量表使教师关注每一个学生，分析每一个学生。并且，为提高教学策略，老师要有意识地关注一到二三位学生，通过跟踪观察，发现学生的变化。确保每一个学生在课程后都能有收获，那么课程才有其存在的价值，教师有了这种服务学生的意识才能成长为一位有思想的好老师。

　　总而言之，基于英语学科核心素养，立足课程建设和课堂教学，我校英语课程注重关注教材转变为关注学生，以学生为中心，从注重语言本身（结构、功能、系统）转移到注重语言习得与运用的人（认知、习得过程）的变革趋势，这与新课程标准所倡导的理念是完全一致的。在语言教学中，贯穿任务型教学，将语言学习的几种技能有机结合起来，使听说读写能力同时得到提高。通过任务的形式、类型的多变，提高学生的学习兴趣、激发学生的创造性、降低学生的学习心理负担，使学生在轻松的环境中掌握知识和技能，达到"事半功倍"的效果。[①] 当然，任务的设计和实施对教师提出了更高的要求，教师自身素质是实施任务型教学模式的关键。传统的英语教学活动多为"精讲多练"，教师大多担任"主讲"和"指挥"这样的角色。而在

---

① 李霞.英语任务型教学理论与实践探微[J].贵州教育,2006(08)：29—30.

任务型活动中,教师应该是活动的组织者、引导者,是一种媒介、桥梁,不仅要传授给学生独立学习的技巧,同时还要严格控制课堂讲解的时间,让学生充分实践,只有这样,学生才有充分表现和自我发展的空间,才会真正成为学习的主人。这些都需要我们教师在教学实践中不断进行探讨和研究。[①]

（撰稿人：裘永红　李芳）

---

① 郭伟艳.任务教学法与大学英语口语教学[J].新西部,2010,(9)：209.

第四章

大 单 元

重塑课程内容组织的形式

以核心素养为培养目标的课堂,对学科课程的内容组织和呈现方式提出了挑战。就课程性质而言,英语课程强调对孩子语言能力、文化意识、思维品质和学习能力的综合培养,具有工具性和人文性融合统一的特点。英语核心素养是对在真实的语言建构和语言情境中的关键能力、必备品质和价值观念三维目标的整合。相对独立的大单元学习活动需要在一个完整的、真实情境下开展以便提升英语核心素养。

星动英语: 化零为整, 乐在其中

南昌市城北学校以"每一个孩子都是一颗闪亮的星"为办学理念创建"满天星"品质课程群, 英语学科亦是其中一门"星"课程。城北学校英语组现有英语教师 4 人, 其中中小学高级教师 1 人, 一级教师 2 人, 区名师 2 人, 区骨干教师 2 人, 教学新秀 2 人。英语教研组以培养学生核心素养为目标, 将学科内容重新组合, 以话题分类把课堂教学、社团活动等多方面零散的研究改进聚合, 系统置于课程之中。且以学习者为主体, 创设真实情境, 使用多元化教学方法引导学生孕育兴趣、打好基础、发展个性, 让每一个学生都能绽放光彩。

第一节　心随星动, 让每一个孩子成为发光体

一、学科课程价值

随着全球化的不断加深, 英语作为最多国家使用的官方语言, 是世界上最广泛的语言交际工具, 学好英语, 我们能看到一个全新不同的世界。

《英语课程标准(2011 年版)》对英语学科的性质做了如下界定: 即义务教育阶段的英语学科具有工具性和人文性的双重性质。英语学科通过语言实践活动去发展英语语言能力, 培养学生良好的心理品质、交际能力、学习习惯等, 最大限度地发展和完善学生, 使英语教育为学生的全面发展服务。

二、学科课程理念

基于英语学科特点, 围绕学校"每一个孩子都是一颗闪亮的星"的课程理念, 实现英语学科工具性和人文性的统一, 同时满足学生的独特性和差异性, 重视学生发

展的个性特点,培养学生的生动探索和创造精神,教研组确定以"主动、灵动、互动"三词构筑的学校英语学科的课程理念。

(一) 主动

在英语课堂中以"兴趣"激发学生的求知欲和参与活动的热情,让学生主动学习,教师从教学主角转变成平等的角色,把微笑、鼓励、趣味带进课堂,尊重和关爱每一个学生,鼓励学生质疑问难,帮助他们养成良好的英语素养,通过学生的主动性与课堂的优化整合,激励教学,为英语课堂注入新的活力。

(二) 灵动

在课堂中灵活运用文字、声音、图像等教具将其融为一体创设完整、真实的语言情景,引导学生走入情境、理解情境、表演情境等,以此来帮助学生打好语言基础。在课外倡导学生主动探索知识、加强语言能力实践,在不断学习、探索和实践中体会英语学习的乐趣。

(三) 互动

在课堂教学中教师善于导情启智,用自己饱满的激情,丰富的智慧来让学生的积极参与,通过师生互动、生生互动、对话互动、实践体验,在"开放"与"随机"中发现学生英语学习的兴奋点,引发智慧生成的火花,使英语课堂充满活力。

总之,在"星动课程"里每一个学生都是发光体,让每一个学生在成长历程中都能找到自己的价值,在教师唤醒点亮的课程中都能激发内燃力量,绽放独特的光芒,让每一个学生都能遇见最闪亮的自己。

第二节 多维联动,让课程目标指向核心素养

《义务教育英语课程标准(2011年版)》中指出,义务教育阶段英语课程的总目标是：通过英语学习使学生形成初步的综合语言运用能力,促进心智发展,提高综

合人文素养,综合语言运用能力的形成建立在语言技能、语言知识、情感态度、学习策略和文化意识等方面整体发展的基础之上。语言技能和语言知识综合语言运用能力的基础;文化意识有利于正确地理解语言和得体地使用语言;有效的学习策略有利于提高堂习效率和发展自主学习能力;积极的情感态度有利于促进学生主动学习和持续发展,这五个方面相辅相成,共同促进综合语言运用能力的形成与发展。[①]

　　基于核心素养对学生的不同维度的要求,我校英语组以学生为主体,以提高学生语言能力、学习能力、思维品质、文化意识的综合能力为指导思想,创设"星动英语"课程。

一、课程总体目标

(一) 语言技能

　　语言技能是语言运用能力的重要组成部分,主要包括听、说、读、写等方面的技能的综合运用。

　　小学阶段学生应达到:能根据指令做事情,能学唱英语儿童歌曲和歌谣 15 到 30 首,能够运用最常用的日常用语进行口头表达,并且做到发音清楚,语调基本达意。能在教师的指导下用英语做游戏并在游戏中进行简单的交际,并且在教师的帮助和图片的提示下描述或讲述简单的小故事。能够看图识词,能模仿范例写句子,并且在书写过程中,正确地使用大小写字母和常用的标点符号。能简单地写出问候语和祝福语,并且能根据图片,词语或例句的提示,写出简短的语句。

(二) 语言知识

　　学生在小学义务教育阶段应该学习和掌握的英语语言基础知识包括语音、词汇、语法以及用于表达常见话题和功能的语言形式。

　　小学阶段学生应达到:学生在三至六年级的学习过程中能够正确读出 26 个英文字母,了解简单的拼读规则,了解英语语音包括连读、语调、节奏、停顿等的目

---

① 教育部.义务教育英语课程标准[M].北京:北京师范大学出版社,2012.01.

标。在日常会话中做到语音、语调基本正确、自然、流畅。词汇方面,在知道单词由哪些字母构成的基础上,并能根据单词的音、义、形来学习词汇。学生在语法功能话题方面,达到理解和运用某些语言表达形式来表达和用法并且在实际运用中体会语法项目的表意功能。理解和运用有关下列功能语言表达形式: 问候、介绍、告别、请求、邀请、致谢、个人情况、家庭与朋友等。

(三)、情感态度

保持学生积极地学习态度是英语学习成功的关键,教师应在教学中不断激发并强化学生的学习兴趣。小学阶段学生应达到: 在英语学习中,能够体会到英语学习的乐趣。敢于开口,表达中不怕出错误。乐于感知并积极尝试使用英语,积极参与各种课堂学习活动。在小组活动中能与其他同学积极配合和合作,遇到困难时能大胆求助。

(四) 学习策略

在英语教学中,教师要有意识地帮助学生形成的自己的学习策略。

小学阶段学生应达到: 积极与他人合作,共同完成学习任务,遇到问题主动向老师或者同学请教。在课堂交流中,注意倾听,积极思考。尝试阅读英语故事及其他英语读物。积极运用所学英语进行表达和交流,注意观察生活中使用的简单英语,最终初步借助简单的工具书学习英语。

(五)、文化意识

语言学习与文化意识的形成是相辅相成的。

小学阶段学生应达到: 知道英语中最简单的称谓语,问候语和告别语,对一般的赞扬请求,道歉等作出适当的反应。知道世界上主要的文娱和体育活动。知道英语国家中典型的食品和饮料的名称。了解英语国家中的重要节日。最终使学生在学习和日常生活中,能初步注意中外文化差异。①

---

① 教育部.义务教育英语课程标准[M].北京: 北京师范大学出版社,2012.01.

二、课程具体目标

基于课程总体目标,依托"星动英语"学科课程理念,确立我校持续渐进的英语课程体系目标,来逐步实现对学生核心素养培养的总目标。

表 4-1-1　"星动英语"课程三至六年级具体分类目标

年级	语 言 技 能	语 言 知 识	学 习 策 略	情 感 态 度	文 化 意 识
三年级	1. 能根据指令做出相关反应。 2. 能学唱英文歌曲或者歌谣 8 到 10 首。 3. 能在教师的指导下用英语做游戏。	1. 正确读出 26 个字。 2. 了解简单的自然拼读。 3. 知道单词是由字母组成的。 4. 了解名词的复数形式的一般变化形式。	1. 能在教师的引导下积极与他人合作。 2. 遇到问题能主动向老师或者同学请教。 3. 保证课堂上 20 分钟的专注听讲。	喜欢学英语,乐于参与课堂的英语活动。	知道英语最简单的问候语,称呼以及告别用语。
四年级	1. 能根据指令画图、做动作等。 2. 能够唱英文歌曲或者歌谣 15 到 20 首。 3. 能在老师的指导下进行简单的英语口语交际。 4. 能看图识词,书写正确的字母。并模仿范例写单词。	1. 能够根据单词的音、形、义来学习词汇。 2. 了解一些字母在单词中的发音规律,能自己进行简单的拼读。 3. 知道名词有复数形式,以及名词所有格。	1. 能够以小组合作的形式完成课堂老师布置的活动。 2. 课堂上能集中精力听讲。	1. 能够在老师的引导下进行简单的交流。 2. 有学好英语的信心,主动用英语进行表达。 3. 培养课堂合作意识。	1. 熟练运用最简单的问候语、称呼、告别用语。 2. 对一般的赞扬、请求、能做出适当的反应。

续　表

年级	语言技能	语言知识	学习策略	情感态度	文化意识
五年级	1. 能对教师课堂的英语指令做出相关反应。 2. 能够主动进行英语口语交际。 3. 熟练记忆所学单词,并模仿例句举一反三进行造句。 4. 能够唱英文歌曲或者歌谣35首。	1. 了解字母组合在单词中的发音规律。 2. 知道人称代词的正确表达方式。 3. 理解并运用一般将来时时态。	1. 对所学习内容主动进行复习和归纳。 2. 在课堂交流中,学会注意倾听与思考。	1. 享受英语学习过程,并在学习中主动用英语进行表达。 2. 能在小组活动中积极与他人合作,相互帮助,完成任务。 3. 遇到问题能主动请教,并且克服困难。	1. 知道世界国家国旗,歌曲,以及节日和体育活动。 2. 知道各个国家典型的食品和饮料的名称。
六年级	1. 能够写出简单问候语和祝福语。能根据图片或者关键词的提示写出简短的语句。 2. 能够唱英文歌曲或者歌谣30首。 3. 能在教师的指导下表演小故事。	1. 了解英语语音包括连读、节奏、停顿、语调等现象。 2. 掌握有关六年级话题400到500单词以及40左右的学习用语。 3. 现在进行时和一般将来时的理解和正确运用。	1. 在课堂交流中注意倾听,积极思考。 2. 尝试阅读英语故事及其他英语课外读物。 3. 积极运用所学英语进行表达和交流。	1. 保持英语持续性学习的兴趣,乐于接触英语歌曲和读物。 2. 能在英语交流中注意和理解他人的情感。	1. 了解西方节日及文化习俗。 2. 在学习和日常交际中初步注意中外文化异同。

第三节　愉悦互动,星动课堂提升学习兴趣

一、学科课程结构

我校"星动英语"课程框架的依据是学校"满天星课程"体系的总体框架,开设

"星动英语"课程一方面是从学生的年龄特点出发，另一方面是基于教材内容及《义务教育英语课程标准(2011年版)》的要求出发,把课程分成"星韵、星境、星智、星艺"四个单元主题板块进行构建,以此来培养学生的兴趣爱好,打好语言基础,开发学生的潜能,让每一个学生在学习成长历程中,都能找到自己的价值。

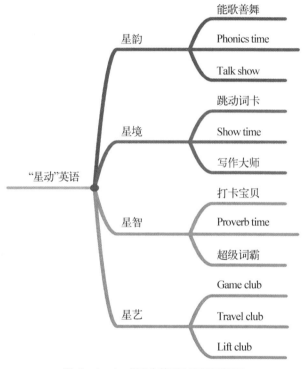

图 4-1-1   "星动英语"目标框架图

二、学科课程设置

表 4-1-2   "星动英语"课程分年段设置

年级	星 韵 英 语	星 境 英 语	星 智 英 语	星 艺 英 语
三年级	能歌善舞 Phonics time 美式学舌	跳动词卡	打卡宝贝 Handwriting time	Game club

续　表

年级	星韵英语	星境英语	星智英语	星艺英语
四年级	记忆能手 美音英韵 黄金搭档	Talk time 魔句变形	Proverb time	Travel club
五年级	Talk show	最佳拍档	超级词霸 书写达人	Reading time
六年级	Super singer 头脑风暴	Show time 环球影城	网络联盟 写作大师	Lift club

表 4-1-3　"星动英语"课程具体设置表

年级	课　程　目　标	课　程　名　称
三年级	1. 能跟指令做出相关反应。 2. 能学唱英文歌曲或者歌谣 10—15 首。 3. 了解简单的自然拼读、了解元音字母在但那次中的发音规律。 4. 小组活动中积极与他人合作,相互帮助,完成老师布置的任务。 5. 能看图识词,能听说认读且正确书写 26 个字母。 6. 能用英语简单的问候,称谓,告别用语等和他人进行简单的口语交际。	1. 跳动词卡 2. Game time 3. 能歌善舞 4. Phonics time 5. 美式学舌 6. Handwriting time 7. 打卡宝贝
四年级	1. 能够主动进行英语口语交际。 2. 了解字母组合在单词中的发音规律,根据单词的音、形、义来学习单词。 3. 熟练记忆单词,并模仿例句写词语和句子。 4. 能在小组活动中与组员互动,练习对话,互相配合完成任务。 5. 能够学习一些简单的英文格言。 6. 知道世界国家,歌曲,以及节日和体育活动,知道各个国家典型食品和饮料的名称。	1. talk time 2. 美音英韵 3. 记忆能手 4. 魔句变形 5. 黄金搭档 6. Proverb time 7. Travel club

续　表

年级	课　程　目　标	课　程　名　称
五年级	1. 能够简单写出问候和祝福语；能根据图片或关键词的提示写出简单的语句。 2. 能在教师的指导下表演小故事。 3. 尝试阅读英文故事及其他英语课外读物。 4. 掌握有关五年级话题 300 到 400 单词以及 40 左右的学习用语。 5. 积极运用所学英语进行表达和交流。	1. 书写达人 2. Talk show 3. Reading club 4. 超级词霸 5. 最佳拍档
六年级	1. 能够熟练写出问候语和祝福语；能够根据图片或者关键词的提示写出 40 到 50 个单词的短文。 2. 能在教师指导下表演小故事或者小短剧。 3. 课堂上积极思考，主动交流表达所学知识。 4. 能初步借助简单的工具或者网络资源学习英语。 5. 知道英语国家一些文化知识，在学习和日常交际中，主动探索中外文化异同。	1. 写作大师 2. Super singer 3. Show time 4. 头脑风暴 5. 网络联盟 6. 环球影城 7. Lift club

第四节　精准实施，科学评价提升学习效率

一、建构"星动"课堂，有效实施课程

以《义务教育英语课程标准(2011 年版)》为指导思想，把"激发和培养学生学习英语的兴趣、使学生树立自信心、养成良好的学习习惯和形成有效的学习策略，发展自主学习的能力和合作精神"放在首要位置。[①] 紧密结合教育发展情况，从学生的实际出发，以培养学生核心素养为目标，改变教学观念，以话题为主重新整合课程内容，同时改革教学方法和学习方式。

美国教育学家彼得克莱恩说："学习的三大要素是接触、综合分析、实际参与。""星动"英语课程致力打造"主动、互动、灵动"课堂。从教材及课标出发融合我校课程体系把课程内容分成"星韵、星境、星智、星艺"四个板块进行重新构建，以彰显英语特色的趣味性，人文性，工具性、实用性为原则。以此来培养学生的

---

① 卞学华. 在英语教学中培养理科生的文科素养[J]. 江苏教育,2016,(51)：37—39.

核心素养综合能力。

(一) 构建"星动"英语课程,打造"主动、互动、灵动"课堂

　　"星动"英语的课程实施打破了以往课程过于注重知识教授的倾向,强调以学习者为主体,教授者引导学习者主动获取知识的态度,在多彩的学习生活中形成和发展多元能力。为此,在课堂教学中贯彻"主动、互动、灵动课堂,有利于学生主动参与学习,培养学生的创新能力。

　　1. "主动"课堂,让学生成为课堂的主人。主动课堂,主要是指学生在课堂中表现出积极的学习精神和自觉的学习态度,构建以教师为主导、学生为主体的教学模式,从培养学生互动学习、独立思考的习惯入手,变"要他学"为"他要学"。当学生在自己的主动参与下获取成功时,他们的心情愉快、精神振奋,参与意识就会大大增强。课前预习、课堂探究、课后练习,都是培养学生自主学习能力和知识迁移能力的有效途径。俗话说:教就是为了不教,在给予学生知识的时候,不是把知识直接呈现在学生面前,而是提供案例、问题和情境,让学生主动感知、主动质疑、主动探究、主动交流、主动建构、主动拓展,去思考、去体验、去选择、去解决。在这一系列过程中经历知识的生成过程,从而锻炼自主学习能力和知识迁移能力。

　　2. "互动"课堂,让学生产生思维碰撞的火花。互动课堂主要指,在教学过程中师生之间、生生之间的互动中获得全面发展。在教学过程中,学生像一个探险者,而教师是一位指路人,教师的作用是指明方向促成一种学生能够探究的情境,教给学生探究的方法,让学生通过合作、交流来激发自己的探究欲。学生的学习困难来自其自身的学习过程,教师要放手让学生去做,最大限度的给学生探究的时间、空间、提供足够的交流机会。鼓励学生去自主探究,让学生在探究过程中活跃思维,展露个性。教学过程中,我们同样要重视学生之间的相互倾听和相互帮助,在生生互动中,学生可以了解其他人的不同想法,在合作、相互表达与倾听中,学生可以更好地对各自的想法、思路,对自己的理解和思维过程进行反思[①],碰撞出不一样的思维火花。

---

① 张立岩.探究性学习在初中数学课堂中的尝试[J].课程教育研究(学法教法研究),2017,(25): 166—167.

3.“灵动”课堂,让课堂充满生命的活力。灵动课堂是指教师开展创造性的活动促使学生独立思考的能力、求新求异的勇气,包括在探究中体验学习的快乐、发现的快乐、实践的快乐,在学习过程中生成课程资源,提升创造力。“质疑”是开启创新之门的钥匙,而“创新”是灵动的核心。学生在认知活动中常常会遇到一些难以解决、疑惑的问题,从而产生怀疑、困惑、探究的心态。这种心态能驱使学生积极思考,不断提出疑问和解决疑问。在不断的质疑和解决问题的过程中学生的思维会变的活跃。在教学过程中,我们可以通过观察、比较、联想、讨论等多种渠道培养质疑能力同时从学生特长和关切出发,在其“已知区”与“最近发展区”上寻找结合点,同时在这些增长点上展开教学,让学生主动经历观察、操作、讨论、质疑、探究的过程,富有个性地发展自己的见解,从而让思维变得灵动,让课堂变得鲜活。

二、重组课程板块,推动核心素养落地生根

“星动”英语课程立足于“破”,打破传统教学中的“教材编排”、“课时安排”、“学期计划”、“学年任务”等,结合学生年龄特点把学科内容按照相关话题、知识综合设计,重新整合架构出“星韵、星境、星智、星艺”四个单元教学板块。

(一) 星韵

教学过程中,教师要注意使用规范的课堂用语、礼貌用语等组织教学,利用多媒体比如:动感的画面、清晰的声音等,即能刺激听觉又能刺激视觉,视听结合,训练到位,效果更好。教师还可采用听说、听看、听写、听读、听画、听做等方式来强化听力训练。

1. 听说(Listen and say)是用的最多的一种方式,学生先听录音或教师的口述,听后把听的内容说出来,听的内容可以是字母,也可以是音标、单词、句型,随着能力的提高也可以是小短文,或就听到的内容进行复述或回答问题。

2. 听看(Listen and look)是让学生边听边看图片或投影、幻灯、多媒体课件等,起始年级往往看听结合,用看激发听的兴趣。

3. 听写(Listen and write)是让学生边听边写或先听后写,听写的内容有听写字

母、音标、词、短语、句子或短文等。

4. 听读(Listen and read)指的边听边读，或先听后读，即眼看课文，耳听录音或教师范读，模仿语音语调形成语感。

5. 听画(Listen and draw)指学生边听边画，即学英语又添情趣。

6. 听做(Listen and do)一般在课堂游戏或表演时用指令可以是教师发出，也可以是学生发出，如：学习了人体各部位的单词后可做"Touch you…"这一游戏，学习了文具类单词可做 Show me your…"这一游戏。听、说、读、写几方面的训练是相辅相成，互相促进的，训练中，多种感官同时活动比单一器官活动效果更好。①

(二) 星境

"星境"以培养学生"说(Speaking)"的能力为主。具体情境是语言的发源地，在特定的情境中将产生特定的语言动机，并提供特定的语言材料，从而促进语言的发展。因此，教师在英语教学中应为学生创设良好的英语情境，让学生在教师搭建的英语学习舞台上真实地展示自我。基于以上"星境"课程，在教学过程中可采取以下教学方：

1. 对话表演：模拟教材中的对话材料，通过表演将对话再现。

2. 情景会话：教师创设情景，由学生自编对话。

3. 专题说话：结合学生生活实际，就教材内容与会话内容确定专题，要求学生进行专题说话，如介绍人物、家庭、班级、学校、房间等。②

4. 自由会话：在一个阶段的语言训练后，学生有了一定的语言基础，让学生发挥主动性，请他们自选话题进行说话或会话，帮助他们逐步形成主动说英语的习惯。还可以、利用小学生善于模仿、爱说爱动的特点，把视、听、说结合起来，充分利用学生的眼耳、口、脑等器官，采用边看边听边说的方法，培养学生运用语言的能力，通过"用中学、学中用"来培养学生运用英语进行会话的能力。

---

① 彭国栋.谈英语教学中的听力训练[J].湖北教育,1996,(4)：43—44.
② 邢改萍.基础教育理论研究成果荟萃　中卷 1[M].北京：中央民族大学出版社,2006.01.

(三) 星智

语言既是交流的工具,也是思维的工具。"星智"课程板块是以培养学生"写(Writing)"的能力为主,以发展学生思维品质为目的创设。英语学科作为基础教育的学科,不仅仅是"听、说、读、写"技能的培养,实际上从核心素养的角度来看,英语课程承担着培养学生基本英语素养和发展学生思维能力的任务。要求教学要进步促进思维能力的发展,为今后继续学习英语和用英语学习其他相关科学文化知识奠定基础。在教学过程中教师可以采用以下方法:

1. 创设和谐的教学环境,把握好具有开放性的英语问题,促进学生积极参与,有助于培养学生思维的广阔性。

2. 利用情境教学,让学生有机会利用到以往所学习的知识,将它们利用到情境教学中,从而提高自身思维的创造性。

3. 利用思维导图,教师可以通过利用思维导图达到提高学生思维深刻性的目的等。

(四) 星艺

《义务教育课程标准(2011 年版)》指出:"语言有丰富的文化内涵。文化在外语教学中是指所学语言国家的历史地理、传统习俗、生活方式、文学艺术、风土人情以及价值观念等。"语言是文化的载体,英语的学习蕴涵着丰富的文化内涵,世界上不存在没有文化的语言。因此,要学好英语离不对文化的学习和理解。"星艺"课程是以培养学生"读(Readng)"的能力为主,以提高学生文化意识为目的创设。鉴于"星艺"版块课程,教师应努力挖掘教材中语言知识背后的文化内涵。通过对比,让学生感受中西方文化的异同,打开与西方国家交流窗口。在教学过程中可采用以下方法:

1. 编排阅读课,选用经典课外文读物,教师导读,生生分享讨论等方式,提升阅读能力的同时了解世界文化。

2. 举办主题俱乐部,创造真实场景通过亲身感受来体验中西文化的差异,比如:举办圣诞派对,让学生参与其中,了解西方国家节日背景及与中国节日的差异。

三、护航"星动"课程，开展多元多维评价

按照《义务教育英语课程标准（2011 年版）》的要求：教师要建立能激励学生学习兴趣和发展的评价体系，该评价体系有形成性评价和终结性评价构成，科学的评价体系是实现课程目标的重要保障。我校英语学科教学过程中以形成性评价为主，根据一定的价值标准，结合学生平时参与各种教学活动的表现与合作能力来进行价，同时实施个性化评价，即统一目标与发展特长相结合。

（一）评价理念

我校"星动"课堂教学紧紧围绕课程标准与"学科课程学习内容和认知水平评价参照表"，结合学生的学习和实际发展，采用多元优化的评价方式，评价学生综合语言运用能力的发展水平，坚持评价的科学性、导向性、激励性、参与性、多样性、可行性、阶段性原则，以形成性评价为主，以学生平时参与各种英语教学活动所表现出的兴趣、态度和交流能力为主要依据，提倡强化激励和反馈的功能，帮助学生发展多方面的潜能。

（二）评价目标

通过课堂评价，加深教师对英语课堂的深入理解，完善课堂的构成要素，不断丰富总结经验夯实基础，实现教学的最优化。

（三）评价内容

我校"星动"英语课程评价从学生的语言技能与知识、学习策略与情感、文化交际意识和能力三个方面入手，围绕听、说、读、写、玩、演、视、听、做等方面的能力进行，在自然拼读类课程、听力口语类课程、书写阅读类课程等有效地英语学习，以达到学生语言能力、文化意识、思维品质和学习能力的综合培养。

（四）评价方法

结合英语学科特点，根据课程内容的不同，我校"星动"英语课程评价分为：基础性评价、特色性评价和终结性评价，最终的评价等级依据各项评价等级进行评定，即 A、B、C、D。具体参考见下表。

表4-1-4　"星动英语"课程质量评价表

评级内容		评价等级					
		过程性评价				综合性评价	
		A	B	C	D	生评	师评
基础性评价	课堂表现						
	听说方面						
	读写方面						
特色性评价	动手制作方面						
	玩演试听方面						
	思考练笔方面						
终结性评价	语言知识和技能综合运用测试(口语、书写、阅读、运用)						

表4-1-5　"星动英语"基础性评价标准

形式	评价内容	评价标准	评价等级
基础性评价	课堂表现	1. 课堂纪律良好,认真听讲,发言大胆积极。 2. 在教学的各个环节引入竞争机制,从单词,课文朗读,对话表演等方面,小组活动中所体现出的合作精神,信息交流能力。	◇ 教师课堂上以量化表为准。对表现好的学生给予贴纸奖励,每学期统计一次,设置"模仿秀奖"、"合作奖"、"参与奖"、"纪律奖"等,奖励一张奖状或相对应的奖品。发挥对学生的激励和导向作用。以A\B\C\D 为等级标准。
	读写方面	1. 作业完成认真,能按时书写并及时上交。 2. 作业干净、整洁、规范,无乱写、乱画情况。 3. 作业出现错误少或出现的错误能及时订正。	◇ 每周统计一次,以量化表为准。完成书面作业并干净、认真,得 A。按时完成,但是不太认真,得B、C。不能按时完成,得 D。
	听说方面	1. 按时完成听读打卡作业,每周至少3次。 2. 按时完成配音,每周至少1次。 3. 按时上传小视频,每周至少1次。	◇ 以听读表为标准,听读作业都完成,得A: 完成一半的,为B;完成⅓的,为 C。基本没完成的为 D。期末依据听读表统计。

表 4-1-6 "星动英语"课程特色性评价标准

形　式	评价内容	评价标准和等级
特色性评价	小报制作展评	1. 小报设计图文并茂,句子书写工整正确,制作精良 A; 2. 小报设计图文并茂,但书写不工整或有个别错误 B; 3. 小报设计不太美观,书写有严重的语法错误 C; 4. 小报设计应付了事或未上交 D。
	诗歌朗读,扮演小视频,短剧表演	1. 每周按时完成得 A 2. 完成一半的,为 B 3. 完成⅓的,为 C。 4. 基本没完成的为 D。期末依据听读表统计。
	英文书写达人展示	1. 根据比赛成绩分为一、二、三等奖 2. 获一等奖的为 A; 3. 获二等奖的为 B; 4. 获三等奖的为 C、D。

　　综上所述,基于学校的办学理念,从学生实际出发,以核心素养为培养目标。打破陈旧的教学观念,把课程内容中的"小单元"拆分重组变成"大单元"。以学习者为主体,创设真实语言情境。重视学生的个性发展,改革教学方法和学习方式,从而构建出我校丰富多彩的"星动"英语品质课程,争取让每一位学生都能激发内燃力量,绽放独特星光,遇见最闪亮的自己。

（撰稿人：辛怡）

品味英语：走向素养深处的英语学习

《义务教育英语课程标准(2011年版)》提出,义务教育阶段的英语课程以小学3年级为起点,初中毕业为终点。育新学校按照国家课程计划,从三年级起开设英语课程,现有英语教师8人。其中,中小学高级教师1人,一级教师4人,二级教师3人。5位教师年龄都在35岁以下,育新学校小学英语教研组,是一个年轻而富有活力的团队。至今为止,教研组有南昌市名师1人,东湖区名师1人,学科带头人2人,骨干教师3人,1人获教育部优质课,3人获市级优质课竞赛一等奖,4人获区骏马杯一等奖。全体英语组教师秉承着"注重素质教育,体现语言学习对学生发展的价值"的课程理念,立足育新学校构建的"尚品文化",走强校发展之路,积极参加各级各类教研活动,不断加深对课程理念和课程目标的理解与认识,在实践与反思中提高自身的专业素养,并逐渐形成了有利于提升办学品位,创建教育特色的英语教学途径和方法。

第一节　品味英语,直抵素养深处

一、学科课程价值观

2017年高中英语课程标准颁布后,英语学科核心素养进入大家的视野,指向英语核心素养的研究已成为当今英语教学的热点。《义务教育英语课程标准(2011年版)》明确指出,通过英语学习使学生形成初步的综合语言运用能力,促进心智发展,提高综合人文素养。就课程性质而言,英语是具有工具性和人文性双重性质的课程,英语核心素养就是基于英语课程总目标和性质,在真实的语言建构中培养起来的。学生在真实语言情境中表现出来的关键能力、必备品质、价值观念的综合体现,是育人目标在英语学科里的具体体现。英语核心素养的获得,需要在一个完整的、真实情境下的学习方案中展开,这样的学习方案是一个相对独立的大单元学习活动。

　　基于这样的思考,教研组在研读理论基础上,认为英语教学应改变传统教学模式,倡导全新的教学模式,将新教学聚焦在"核心素养为本的单元设计"、"真实情境中的深度学习"以及"线上线下的智能系统"上,努力实现三大转变：第一,从英语知识的线性排列、分点训练、单课时教学走向大单元整体教学;第二,摒弃教师教授、操练为主的传统小学模式,走向真实的英语生活中,在语言运用的过程中深度学习;第三,给学生提供资源、工具平台,实现线上、线下混合是学习。最终使学生在接受相应学段英语课程教育的过程中,逐步形成和提升适应个人终身发展和社会发展需要的必备品格和关键能力。

二、学科课程理念

　　为实现英语核心素养目标,我校英语教研组,从获得真实语言经验角度出发,围绕核心素养的概念,提出了"品味英语"课程群。旨在创设有意义的、开放真实的学习任务,构建完整的、真实情境下的学习方案,实施独具特色的"大单元"教学活动,最终把学生培养成主动的学习者。具体诠释如下:

(一)"品味英语"是从核心素养出发,探求单元整合的课程

　　单元是一种学习单位,一个单元就是一个学习事件,一个完整的学习故事,因此,一个单元就是一个微课程。"品味英语"课程中设置的单元内容通常是在一个主题下的若干课时教学,这些课时在完整的"大任务"驱动下,组成一个围绕目标、内容、实施与评价的完整学习实践。每个单元都将素养目标、课时、情境、任务、知识点等组织起来,形成一个有机的单元整体。因为,"本真英语"课程探求"大单元"设计,一方面指向英语学科素养教学所倡导的"大概念"、"大项目"、"大任务"的设计,一方面有利于改变教师着眼点过小过细以致"见书不见人"的习惯做法,从而确立"以学习者为中心"的观念,实施以学习者学会即目标达成的新教学模式。

（二）"品味英语"是追求英语学习与真实生活相关联的课程

传统的英语学习更多地局限于课堂和书本,与学生的真实生活鲜有关联,这样一来,英语学习就失去了真实性,学生忙于应付一系列"不切实际"的任务,学习兴趣与热情随之消耗殆尽。"品味英语"课程在教学实践中给学生创设了一个真实可感的情境,帮助学生用经历过的生活经验去对接英语学习。① 如五年级的 Daily topics(日常话题)这一课程中,我们围绕话题设置了 12 个主题情境,包括"购物"、"制作食物"、"春游"、"中西方节日庆祝"等主题,都与学生生活息息相关,学生能在日常生活中找到与之类似的经历和体验,使其与英语学习发生联系,这样就能让学生在真实的体验中主动参与学习。

（三）"品味英语"是激发学生积极主动实践语言的课程

以往的课堂学习往往被简化为一个个难度不等的问题,通过师生问答的形式达到目标。其间,学生的思维活动和学习过程都是隐形的,除了教师提问的几个同学之外,其他人的学习和思考状况如何并未显现。加之学生的知识储备、能力状况等存在差异,课堂就在所难免地出现大量低效甚至无效的学习,学生游离于课堂和文本之外,无法进行主动积极的言语实践就成了普遍情况。这样的课堂只要按照设计的流程按部就班地推进就可以了,几乎不需要教师对教学活动的开展进行组织。与之不同,"品味英语"课程设计的单元学习就像现实生活中的闯关游戏,学生在丰富有效的活动组织下,通过自主、合作、探究式的学习逐步深入,在一节又一节的课堂学习中互帮互助,协作进步,人人参与,人人在场,而当他们完成所有任务之后,收获的不仅仅是知识、能力,还有同伴的友谊、个人的自信以及满满的成就感。如四年级情境课堂里 Pair work(最佳拍档)课程中,学生在课程目标引领下,通过分组合作,实践语言,完成任务,提升综合语言运用能力。

（四）"品味英语"是培养学生的批判性思维的课程

课堂的中心是学生。教学目标、教学内容、教学过程和教学评价的开发和

---

① 崔允漷.如何开展指向学科核心素养的大单元设计[J].北京教育(普教版),2019,(2)：11—15.

利用都应该充分考虑学生发展的需求。"品味英语"课程是在教师指导下构建知识、发展技能、拓展视野、活跃思维的学习过程。以学生为主体的课堂，可以让学生的思维过程上升到一个更高级的阶段，调动学生所有的语言知识，不局限在单纯的记忆和单词的简单翻译，而是去理解和反思他们所接触到的知识和事物，培养学生批判性思维，最终学生在课堂中和日常生活中做出全面均衡的判断。

　　总之，"品味英语"课程要求教师遵循学生认知发展规律，通过设计单元整合的学习内容，倡导合作探究的学习方式，激发学生学习英语的兴趣，激活语言表达，让学生在充满乐趣的英语课程中，主动习得语言知识，发展听、说、读、写、看等技能，形成跨文化意识，提升思维品质以及培养学生自主学习能力。

第二节　扎根理念，着眼素养发展

　　《义务教育英语课程标准(2011年版)》指出：义务教育阶段英语课程的总目标是通过英语学习使学生形成初步的综合语言运用能力，促进心智发展，提高学生的综合人文素养。综合语言运用能力的形成建立在语言技能、语言知识、情感态度、学习策略和文化意识等诸方面整体发展的基础之上。语言知识和语言技能是综合语言运用能力的基础；文化意识有利于正确地理解语言和得体地使用语言；积极的情感态度有利于促进学生主动学习和持续发展；有效的学习策略有利于提高学习效率和发展自主学习能力。这五个方面相辅相成，共同促进综合语言运用能力的形成与发展。

一、学科课程总体目标

　　对英语课程总目标的描述，体现了素质教育的理念，展现了课程对学生发展的意义，也凸显了课程的工具性和人文性的高度统一。在此基础之上，结合学生英语学科核心素养的发展要求，我校英语组，创设了"品味英语"课程，以培养学生综合语言运用能力为目的，从语言知识、语言技能、学习策略、文化意识、情感态度和学习策略五个方面来分层实现。

（一）语言知识

英语语言知识包括语音、词汇、语法以及在交往中恰当理解并运用熟悉话题和功能表达意义的语言形式。小学阶段学生应达到语言知识的目标为：

1. 能够正确读出26个英文字母，了解简单的拼读规则，了解单词有重音，句子有重读，了解英语语音包括连读、语调、节奏、停顿等目标。

2. 在知道单词由哪些词汇构成的基础上，能根据单词的音、义、形来学习词汇。初步掌握运用400个左右的单词来表达二级规定的相应话题。

3. 理解语法功能，在语言实践中运用语言知识。

4. 根据个同的语境要求，用恰当的形式来表达功能。

5. 围绕学生熟悉话题恰当理解与运用相关的语言表达形式。

（二）语言技能

语言技能包括听、说、读、写四个方面的技能以及这四种技能的综合运用能力。小学阶段学生应达到语言知识的目标为：能听懂简单的配图小故事；能在教师帮助和图片的提示下描述或讲述简单的小故事；能借助图片读懂简单的故事或小短文，并养成按意群阅读的习惯；能根据图片、词语或例句的提示，写出简短的语句；能在教师的帮助组下表演小故事或小短剧。

（三）情感态度

情感态度包括兴趣、动机、自信、意志和合作精神等影响学生学习过程和学习效果的相关因素。小学阶段学生应达到情感态度的目标为：着重培养学生敢于开口、积极参与的学习态度；让学生体会学习英语的乐趣，树立学习英语的自信心；乐于感知并积极尝试使用英语，积极参与各种课堂学习活动。

（四）学习策略

学习策略包括学习者对学习的认识，以及在学习过程中采取的具体做法、步骤等行为。小学阶段学生应达到学习策略的目标为：遇到问题应主动向老师或者同学请教；积极与他人合作，共同完成学习任务；在学习中集中注意力，并且在课堂交流中，注意倾听，积极思考；积极运用所学英语进行表达和交流，注意观察生活中使用的简单英语，最终初步借助简单的工具书学习英语。

(五) 文化意识

文化意识包含中外文化知识，是学生在语言学习活动中理解文化内涵，比较文化异同，汲取文化精华，坚定文化自信的基础。小学阶段学生应达到文化意识的目标为：知道英语中最简单的称谓语，问候语和告别语；对一般的赞扬请求，道歉等作出适当的反应；知道世界上主要的文娱和体育活动，知道英语国家中典型的食品和饮料的名称；了解英语国家中的重要节日，最终使学习者在学习和日常生活中，能初步注意中外文化差异。①

二、学科课程具体目标

表4-2-1 "品味英语"课程目标体系

年级	语言技能	语言知识	学习策略	情感态度	文化意识
三年级	能听懂教师课堂上简短的指令并做出相应反应。能在教师的指导下用英语做游戏并在游戏中进行简单的交际。能学唱英语儿童歌曲和歌谣8首左右。	能正确读出26个字母。了解元音、辅音和简单的拼读规律。理解和运用有关问候、介绍、致谢、道歉等语言表达形式。	在学习中集中注意力。在课堂交流中，注意倾听，积极思考。遇到问题主动向老师或同学请教。	对英语有好奇心，喜欢听他人说英语。敢于开口，表达中不怕出错误。	对学习中接触的外国文化习俗感兴趣。知道英语中最简单的称谓语、问候语和告别语。对一般的赞扬、请求、道歉等做出适当的反应。

---

① 教育部.义务教育英语课程标准[M].北京：北京师范大学出版社,2012.01.

年级	语言技能	语言知识	学习策略	情感态度	文化意识
四年级	能根据指令做事情,如:朗读课文、表演故事等。能够唱会英文歌曲和歌谣15首左右。能正确书写字母、单词并模仿范例写句子。	知道单词有字母构成。知道要根据单词的音、义、形来学习词汇。知道名词有单复数和名词所有格。了解一些字母组合的发音。	在学习中乐于模仿,敢于表达,对英语具有一定的感知能力。积极与他人合作,共同完成学习任务。在词语与相应事物之间建立联想。	能体会到英语学习的乐趣。乐于感知并积极尝试使用英语。	知道世界上主要的文娱和体育活动。知道英语国家中典型的食品和饮料的名称。知道主要英语国家的首都和国旗。
五年级	能听懂课堂活动中简单的提问。能在口头表达中做到发音清楚,语调基本达意。能在图片的帮助下读懂简单的故事或小短文。	了解单词有重要、句子有重读。了解人称代词和形容词性物主代词。了解现在进行时的用法,并体会其表意功能。	会制订简单的英语学习计划。对所有内容能主动复习和归纳。积极用所学英语进行表达和交流。	对继续学英语有兴趣。积极参与各种课堂学习活动。遇到困难时能大胆求助。	乐于了解外化文化和习俗。了解主要英语国家的重要标志物,如英国的大本钟等。
六年级	能听懂日常交际对话和小短文并将信息正确转换。能就相关话题进行介绍和交流。能在教师帮助下表演小故事或小短剧。	了解英语语音包括连读、节奏、停顿、语调等现象。掌握六年级范围的600—700个单词和50个左右的习惯用语。了解一般过去时的用法,并体会其表意功能。	在学习中乐于参与、积极合作、主动请教,初步形成对英语的感知能力和良好的学习习惯。尝试阅读英语故事及其他英语课外读物。注意观察生活或媒体中使用的简单英语。	对英语学习表现出积极性。在小组活动中能与其他同学积极配合和合作。	在学习和日常交际中,能初步注意到中外文化异同。了解英语国家中重要的节假日。

第三节　释放潜能,构建素养本质

　　我校英语组开设的"品味英语"课程体系,旨在从获得真实语言经验角度出发,创设有意义的、真实的学习任务,实施独具特色的"大单元"教学活动,从而有利于培养学生综合语言运用能力。基于这一课程理念,我校从三年级至六年级开设了共 13 门课程,开展英语学科学习。

一、"品味英语"课程结构

　　基础教育阶段的英语课程改革强调: 课程应从学生学习兴趣、生活经验和认知水平出发,倡导体验、实践、参与、合作与交流的学习方式和任务型的教学途径,发展学生综合语言运用能力,使语言学习的过程成为学生形成积极的情感态度、主动思维和大胆实践、提高跨文化意识和形成自主学习能力的过

图 4-2-1　"品味英语"课程结构图

程。[①] 我校"品味英语"课程以获得真实语言经验为目标,从律动课堂、乐享课堂、情境课堂、阅读课堂、戏剧课堂五大板块进行英语课程的构建。

二、"品味英语"课程设置

我校"品味英语"课程综合考虑我校英语教育现状和学生发展水平,采用科学有效的教学策略,通过感知、观察和体验等方式引导学生进行知识的学习和探究,课程设置框架具体如下表:

表4-2-2　"品味英语"课程设置表

内容年级	律动课堂	乐享课堂	情境课堂	阅读课堂	戏剧课堂
三年级	Funny Letters	Classic songs	Role play	Picture books	Happy dub
四年级	Phonics world	Classic poems	Pair work	Picture books	Happy dub
五年级	English chant	Cartoons	Daily topics	Story time	Show time
六年级	English chant	Movie clip	Act time	Story time	Show time

第四节　创新体验,落实素养活动

我校"品味英语"课程力求面向全体学生,关注学生的不同特点和个体差异,为学生发展综合语言运用能力打好基础,同时,促进学生整体人文素养的提高。教师应综合考虑课程目标,合理安排教学内容,优化教学方式,激发学生学习语言的兴趣,培养学生的自主学习能力,为学生的可持续发展奠定基础。

一、"品味英语"课程的实施

(一) 构建"品味英语"课堂,展现我校英语课堂风采

"品味英语"的灵魂体现在精心选择或创设一个学生相对熟悉又与整个大单元

---

① 曹湘洪.新课改背景下的英语教学理念与实践[M].北京：科学出版社,2012.06.

学习相适切的大情境,激发学生学习兴趣和参与热情,积极主动地获得真实的语言。基于这一理念,"品味英语"课程对三至六年级每个单元都提炼了与教材内容、学生生活场景、单元目标一致的情境任务。比如 Role play(角色扮演),Pair work(最佳拍档),Daily topic(日常话题)…这样的大单元组织,在主题统领下,以学生为中心,将诸多英语教育元素,有机融入主题单元,形成新的教学模式。具体操作如下:

在律动课堂中,通过 Funny letters(有趣的字母)、Phonics world(自然拼读)、English chant(英语歌谣)等课程可以帮助学生掌握基础的语音知识。教师在呈现字母、单词等学习内容时可以创设一定的情境,使学生对所要学习的知识形成深刻的印象,为深度学习打基础;在乐享课堂中,教师应鼓励学生们听唱英文歌曲,模仿英语电影、电视对白,教会他们欣赏英语的美,鼓励他们大胆开放地开口讲英语,不厌其烦地鼓励和督促他们养成听英语的好习惯;在情境课堂中,通过 Role play(角色扮演),Pair work(最佳拍档),Daily topic(日常话题)等课程可以促进学生自主合作交流,形成勇于探究的品格;在阅读课堂中,学生通过学习英文绘本和故事,不但可以培养良好的英语语感,还可以全面提升学生阅读和写作能力;在戏剧课堂中,教师可以鼓励学生给英文戏剧配音或表演戏剧,使学生感受西方文化的魅力并充分展现学生的才能。

(二) 乐享趣味经典,活跃"品味英语"课堂

"品味英语"课程给学生提供经典英文歌曲、生动有趣的原版卡通和绘本以及一些的喜剧电影片段,这些学习内容生动丰富,语言真实,具体且接近生活,能真实而立体地展现所学语言的背景和使用环境,有利于摆脱母语的羁绊,让学生产生一种身临其境的效果。此外,英文经典著作也是英美国家文化在特定时代的集中反映,展示了英语国家在社会文化等各个方面的情况,通过经典歌曲、卡通、绘本和电影的学习,可以了解英美国家各时代的社会文化背景及其发展和学习状态,有利于加深对其英语语言文化的了解,提升跨文化交际能力。

"品味英语"直接把外国文化内容中具有文化特异性的内容直接编成了课程内容,融入进情境课堂和阅读课堂中,介绍异国的习俗、历史、风土人情等,既可以提高学生学习英语的兴趣,也可以促进语言学习和文化学习。学生通过具体的语言

实践学习和了解异国文化。这些实践活动包括听、说、读、写、观察、看电影和录像、阅读英语文学作品等，逐步提高自己的鉴别、鉴赏异国文化的能力，加深对本国文化的理解与认识，培养爱国主义精神。

（三）倡导"大单元"整合学习，创新"品味英语"课堂教与学的方式

　　英语学科的核心素养包括语言能力、文化品格、思维品质、学习能力四个方面。教师在教学中不能孤立地对待它们，而要将其视为一个整体，通过模仿朗读、阅读与鉴赏、表达与交流、梳理与探究等英语学习活动加以落实。传统的教学模式仅仅聚焦眼前的"这一课时"，极少与教材中的其他内容发生关联，这就造成了教学容量与资源的匮乏，不仅无法系统而全面地落实核心素养，而且还会将教学窄化为听、说、读、写等某一方面能力的单一训练。[1]"品味英语"课程设计的课堂内容，在单元学习过程中，不是一课课的简单叠加。词汇、对话、阅读、写作与综合性学习之间都是互相关联的有机整体，教师要在探求教学内容的基础上，综合进行单元整合，以发现教材内容的共性与学生学习需求之间的相关性。

（四）重视"智能系统"教学，实现"品味英语"课堂教与学的统一

　　智能化教学，是指在教学中应用信息技术手段，使教学的部分环节数字化，从而提高教学质量和效率。"品味英语"课程以现代教学理念为指导，以信息技术为支持，从观念、组织、内容、模式、技术、评价、环境等因素都力求做到信息化。

　　教师可积极利用音像、多媒体以及网络等现代教学资源，丰富教学内容和形式，提供有利于学生观察、模仿、体验真实语言的语境，使英语学习更好地体现真实性和交际特征。对于三四年级低段的学生，教师更应注意使用丰富多样的教学资源，使教学内容、形式与过程更为直观、生动、形象，以适应儿童的认知特点。[2]

　　此外，教师在积极提高专业素养的同时，也应该及时更新信息技术理念，使用多种信息技术，与家长通过微信群、QQ群，给学生提供多元化的网络学习途径，来

---

[1] 游增良，施茂枝.让识字教学回归常识[J].语文建设，2019，(6)：4—10.
[2] 李伟，李小梅.高职信息化课堂教学设计研究与实施——以外标法测定水杨酸含量为例[J].黄冈职业技术学院学报，2019，第21卷(5)：61—63.

促进英语的有效学习。

二、"品味英语"课程的具体评价

(一) 评价理念

评价是英语课程的重要组成部分。科学的评价体系是实现课程目标的重要保障。我校"品味英语"课程根据《义务教育英语课程标准》规定了评价目标,评价内容和评价方法,并对教学过程和结果加以及时、有效地监控,以起到对英语教学的积极导向作用,最终实现发展学生综合语言运用能力。

(二) 评价目标

全面考查学生的英语学习状况,激励学生的学习热情,促进学生的全面发展,促进师生共同发展。评价既要关注学生英语知识和技能的掌握,更要关注他们情感与态度的形成和发展;既要关注学生学习的结果,更要关注学生在学习过程中的提高;还要关注学生的个性差异,保护学生的自尊心和自信心。[①]

(三) 评价内容

《基础教育课程改革指导纲要(试行)》明确规定: 建立促进学生全面发展的评价体系。评价不仅要关注学生学业成绩,而且要发现和发展学生多方面的潜能,了解学生发展中的需要,帮助学生认识自我,建立自信。[②] "品味英语"课程依据这一理念,将从课堂表现、学习兴趣和策略、口语表达能力、书面作业等方面进行评价。课堂中鼓励学生开口说英语,大胆提问,与所在小组共同积极参与竞争,完成各项任务小组,教师根据具体的课堂情况进行不同形式的评价。

(四) 评价方式

评价是多元的,学生是评价的主体。他们将直接参与评估。"品味课程"除了

---

① 薛丽芳,吴莎莎.教师教育理论与实践丛书　教师资格证考试中初中英语教学情境模拟快速突破 [M].北京: 科学出版社,2017.05.

② 胡建华.小学数学新课程中的评价方式[J].辽宁教育,2003,(12): 53—55.

教师给予评价之外,还让学生参与自评和互评。学生的参与对于评价是否成功有很大的关系。在评价中,教师既要关注学生学习的结果,也要关注学生的学习过程和思维过程。因此,"品味英语"课程评价坚持以形成性评价和终结性评价相结合的方式,评价等级按学生所得分数转化为 A(85—100 分)、B(70—84 分)、C(60—69分)、D(59 分及以下)四个等级,具体参考见下表：

表 4-2-3 "品味英语"课程形成性评价与终结性评价量表

评价形式	评价内容	评价标准	操作方式	评价等级			
				A	B	C	D
形成性评价	课堂表现	1. 遵守课堂纪律。 2. 积极参与课堂活动(包括课堂游戏、竞赛、单词或句子朗读、对话表演、交际活动等)。	教师评价(把学生所得分数转化为 ABCD 四个等级进行评价)				
	学习兴趣、策略	1. 积极参与课内,课外学习活动,并积极运用所学英语表达和交流。 2. 逐渐形成学习英语的兴趣和有效的学习策略。	教师评价(通过访谈、问卷调查表等方式按 ABCD 四个等级进行评价)				
	口语表达能力	1. 能够正确朗读单词、背诵课文、表演对话、唱英文歌曲。 2. 敢于用英语做值日汇报,参加各类英语活动等。	教师评价(把学生所得分数转化为 ABCD 四个等级进行评价)				
	书面表达	1. 能够正确书写单词和句子。 2. 能够正确使用大写字母和标点符号。 3. 能够根据图片或提示写出简单的句子。	教师评价(把学生所得分数转化为 ABCD 四个等级进行评价)				

续 表

评价 形式	评价内容	评 价 标 准	操 作 方 式	评 价 等 级			
				A	B	C	D
终结性评价	口试	1. 能够自我介绍,介绍他人以及问候他人。 2. 能够用英语介绍图片内容。 3. 能够用英文自由表达各类话题。	教师评价(学生两人一组,根据教师提供的图片进行问答或根据教师提供的话题进行交流。教师根据语音语调,词汇和语法按照 ABCD 四个等级进行评价。)				
	笔试	完成听力及笔试部分的各类试题。	教师评价(采用计分办法,满分 100 分,换算成 ABCD 四个等级进行评价)				

　　总之,"品味英语"追求以核心素养为纲,基于教材内容的共性进行大单元设计,从而建立教材文本、英语学习与生活经历的相关联,使学生在真实任务驱动下进行自主、合作、探究式的深度学习,最终培养基于学科核心素养的全面发展的人。

（撰稿人：杨艳萍）

第五章

大 项 目

探索多项目实践性课程的途径

"英语＋"项目学习从生活情境中发现问题,转化为活动主题,通过探究、服务、制作、体验等方式,培养孩子"英语＋"跨学科实践的能力。大项目要求真问题驱动、小组合作和校本资源三个方面结合。大项目学习可以借鉴项目教学法的一些经验,解决大项目教学中解决多样化问题和主题拓展问题。大项目教学法让语言学习与孩子的现实生活更贴近,在真实的问题情境中培养孩子分析问题、解决问题的能力。①

---

① 徐姬娜.“我是电影人”：大主题教学下的学段整体设计[J].中国信息技术教育,2015(11)：21—23.

I‑English: 让孩子爱上英语

　　南昌市光明学校英语教研组，现有英语教师4人，其中市骨干教师1人，区骨干教师2人，都在各级英语比赛中获过奖，年轻教师居多，教师工作热情高，探索欲强，教法新颖，善于开发课程资源。南昌市光明学校英语教研组，秉持"构建"I‑English"课程理念落实英语核心素养"的英语课程理念，充分发挥团队合力。按学校制定的"灿烂教育——心灯式"课程计划，以备课组为单位开展听课、说课、磨课活动，以教研组为单位开展教学研究，带动教育集团的教研组共同发展。每位教师都形成了各具个性的教学特色，课堂教学深受学生喜爱，通过各种教学手段，进一步落实英语核心素养。

第一节　根植课程理念，践行"I‑English"教学主张

一、英语学科价值观

　　《普通高中英语课程标准(2017版)》要求以立德树人，发展学生学科核心素养，培养有情怀、有视野、有胜任力的跨文化交流人才为学科教育的主要目标。新版课程标准要求英语课程具有重要的育人功能，旨在发展学生的语言能力、文化意识、思维品质、学习能力等英语学科核心素养。

　　英语语言能力构成英语学科核心素养的基础要素。语言能力是显性素养，其他的三个素养——文化意识、思维品质、学习能力都是隐性的。思维品质的教学要以语言为载体，融会贯通，潜移默化。学生的学习能力和文化意识可以通过语言学习来培养。所以这些素养的形成应该融入语言学习的过程当中。新课标还强调在培养语言能力、学习能力的同时，突出强调培养学生的文化意识，增强文化自信，培养

具有中国情怀、国际视野和跨文化沟通能力的人才,这就需要我们多开发课程资源,重组教学内容的诸要素,改变内容的呈现形式,英语课程要创设一系列具有关联性、综合性、实践性等特点的英语学习活动,以促进学生英语学科核心素养的形成和提升。①

　　"项目教学法"最显著的特点是"以项目为主线、教师为引导、学生为主体",改变了以往"教师讲、学生听"被动的教学模式,创造了学生主动参与、探索创新的新型教学模式。项目式英语实践活动强调学生要积极参与各项学习任务,教师根据课程教学主旨设置教学活动,让学生使用语言技巧完成各项情境任务。因此,项目式英语实践活动不但能够有效提高学生语言应用能力,而且还能全面提高学生的英语学科核心素养。

二、学科课程理念

　　基于英语学科的特点,围绕我校"让生命闪光,让人生灿烂"为主旨的"灿烂教育——心灯式课程"理念,通过激发个体潜能,让其在学习的过程中找到自己的闪光点,悦纳自我,不断成长,培养"有情、有义、有胆、有识、有趣"的光明好少年。

　　我校英语组经过反复研讨,确立了以"I - English: 让学生爱上英语"为学科理念,I 即"爱"的谐音,我们要努力使学生成为英语的主人,让学生爱上英语这门课程。②

(一) I——让学生们成为英语学习的主人

　　I 的中文意为"我",既有"自我"之意,也是"爱"的谐音。每个学生都是一个完整的个体,他们有自己的情感、认知和发展方式。要激发学生英语学习的内动力,就要使我们的英语课有生气、有活力,就需要老师不断探索与更新自己的教学思路和教学策略,通过丰富多样的阶梯状课程形式,如: Mi-ni 课堂、文化派对、网络视频等为学生提供丰富的语料,激发学生对英语学习的兴趣,以学生为主体,让他们主动、积极地参与到学习中,让学生真正成为英语学习的主人。③

---

① 摘编《英语学习》编辑部. 2018 基础英语教育的声音[J].英语学习(下半月),2019,(1)
② 李蹊.项目式英语教学模式下学习者语言与思辨能力发展研究[J].黑河学院学报,2018,第 9 卷 (12): 131—133.
③ 朱英.学校课程深度变革丛书　进入学科深处的六个秘密[M].上海市; 华东师范大学出版社,2017. 01.

(二) I-English——让学生爱上英语课程

依据我校"灿烂教育-心灯式"课程理念，培养"有情、有义、有胆、有识、有趣"的光明好少年，而"有识"旨在培养"智慧博学"、"有趣"志在培养兴趣多元。根据以上目标，教师探索新的教学模式和学习方式是时代的要求。教学中我们通过培养学生的好奇心、求知欲，启发、引导他们积极地、广泛地、有远见地追寻有价值有意义的语言学习。根据学生的身心发展特点，教师可以创设语言情境，通过悦耳动听的音乐、生动活泼的图片、妙趣横生的游戏、直观的动画视频等让学生去听、说、读、写、玩、演、做、唱、视听，丰富多样的形式充分地调动学生情感、兴趣、态度等因素，促进学生语言技能的发展。通过开设美式学舌、Phonic Time、绘本阅读、英语剧、脱口秀等英语课程，让学生在享受课程学习之中，不知不觉地提升兴趣，丰富语感，开阔视野，增长知识，发展智力和塑造性格。教师与学生在轻松愉悦的氛围中一起体验"教学相长"的快乐。让教师成为快乐的教育者，学生成为快乐的学生。教学中，教师可以培植"动力"，使学生真学；提供"推力"，使学生善学；让生命狂欢，使学生乐学；凸显创新，使学生创学；强调目标，使学生会学。使学习情趣化，寓教于乐，给学生以愉快的情绪体验，充分调动学生学习的兴趣，让他们爱上英语。

总之，I-English课程要求教师要顺着学生兴趣、天性、需要，通过资源联动、有效互动、评价驱动来激活课堂，通过手活、口活、脑活，身动、心动、神动，让师、生处于"活起来"、"动起来"、"乐起来"的生命状态，让学生在动静结合中、在体验中落实学习目标，内化语言，形成彻悟，锻炼能力，生成智慧，拥有自信、快乐、积极、乐观、豁达、向上、向善、自由、担当等品质。

第二节　面向全体学生，落实英语学科核心素养

《普通高中英语课程标准(2017年版)》指出其总目标是：全面贯彻党的教育方针，培养具有中国情怀、国际视野和跨文化沟通能力的社会主义建设者和接班人。《普通高中英语课程标准(2017年版)》提出了英语学科核心素养的概念，包含：语言能力、文化意识、思维品质和学习能力。语言技能和语言知识是综合语言能力的

主要部分,语言能力是基础,所有的维度都是为了提高学生的语言能力,文化意识有利于正确地理解语言和得体地使用语言,是价值取向,教师和学生都应该坚定文化自信,学生能辨析语言和文化的具体现象,具有批判性、创造性的辩证思维,思维品质是心智特征,有效的学习策略保证了学习效率和发展自主学习能力,积极的情感态度有利于促进学生主动学习和持续发展,[①]学习能力是英语学习发展的条件。这四个方面相辅相成,共同促进英语学科核心素养的形成与发展。

　　基于核心素养对学生的不同维度的要求,我校英语组以学生为本,以提高学生语言运用能力和发展学生的思维能力为指导思想,创设"I - English"英语课程群,来培养学生的综合语言运用能力,即从语言能力、学习能力、思维品质和文化意识四个目标来分层实现。

一、学科课程总体目标

　　小学总目标: 对继续学习英语有兴趣,能用简单的英语互致问候,变换有关个人、家庭和朋友的简单信息,并能就日常生活话题作简短叙述。能在图片的帮助下听懂、读懂并讲述简单的故事,能在教师的帮助下表演小故事或小短剧,演唱简单的英语歌曲和歌谣。能根据图片、词语或斜句的提示,写出简短的描述。在学习中乐于参与、积极合作、主动请教,初步形成对英语的感知能力和良好的学习习惯,乐于了解外国文化和习俗。

　　初中总目标: 有较明确的英语学习动机、积极主动的学习态度和自信心。能听懂有关熟悉话题的陈述并参与讨论。能就日常生活的相关话题与他人变换信息并阐述自己的意见。能读懂相应水平的读物和报纸、杂志,克服生词障碍,理解大意。能根据阅读目的运用适当的阅读策略。能根据提示独立起草和修改小作文。能与他人合作,解决问题并报告结果,共同完成学习任务。能对自己的学习进行评价,总结学习方法。能利用多种教育资源进行学习。进一步增强对文化差异的理解与认识。

---

① 郑洁丽.如何利用外报外刊培养学生的英语学科核心素养[J].英语教师,2019,第 19 卷 (18):43—46.

(一) 语言能力

语言技能是英语学科核心素养的基础要素,是其最重要组成部分,主要包括听、说、读、写等方面的技能的综合运用,还包括语音、词汇、语法以及用于表达常见话题和功能的语言形式。

小学阶段学生应达到:能根据指令做事情,能学唱英语儿童歌曲和歌谣 15 到 30 首,能够运用最常用的日常用语进行口头表达,并且做到发音清楚,语调基本达意。能在教师的指导下用英语做游戏并在游戏中进行简单的交际,并且在教师的帮助和图片的提示下描述或讲述简单的小故事。能够看图识词,能模仿范例写句子,并且在书写过程中,正确地使用大小写字母和常用的标点符号。能简单的写出问候语和祝福语,并且能根据图片,词语或例句的提示,写出简短的语句。在课堂上每周 20 到 25 分钟的视听基础上,在教师的帮助下表演小故事或小短剧。

初中学生毕业时应达到:能根据语调和重音理解说话者的意图,能听懂接近自然语速的故事和叙述,理解故事的因果关系,能就简单的话题提供信息,表达简单的观点和意见,参与讨论。能与他人沟通信息,合作完成任务,能用英语表演短剧,口语活动中做到语音、语调自然,语气恰当。能找出文章中的主题,理解故事的情节,预测故事情节的发展和可能的结局。能读懂相应水平的常见体裁的读物,累计 15 万字,在常见的语境中整合性地运用已有语言知识,识别其恰当表意所采用的手段,有效地使用口语和书面语表达意义和进行人际交流。[①]

(二) 学习能力

在英语教学中,教师要有意识地帮助学生形成自己的学习策略。

小学阶段学生应达到:积极与他人合作,共同完成学习任务。遇到问题主动向老师或者同学请教。会制定简单的英语学习计划,并且对所学内容能主动复习和归纳。在词语与相应事物之间建立联想。在学习中集中注意力,并且在课堂交流中,注意倾听,积极思考。尝试阅读英语故事及其他英语读物。积极运用所学英语进行表达和交流,注意观察生活和魅力中使用的简单英语,最终初步借助简单的

---

① 教育部.义务教育英语课程标准[M].北京:北京师范大学出版社,2012.01.

工具书学习英语。

初中阶段应达到: 根据需要进行学习,在学习中集中注意力。在学习中善于记要点,在学习中善于利用图画等非语言信息理解主题,借助联想学习和记忆词语。对所学内容能主动复习并加以整理和归纳。在学习中积极思考,主动探究,善于发现语言的规律能运用规律举一反三。使用英语时,能意识到错误并进行适当的纠正。必要时,有效地借助母语知识理解英语。尝试阅读英语故事及其他英语课外读材。明确自己学习英语的目标。明确自己的学习需要。制订切合实际的英语学习计划。把握学习内容的重点和难点。注意了解和反思自己学习英语中的进步与不足。积极探索适合自己的英语学习方法。

(三) 思维品质

思维品质是学生的心智特征。根据布鲁姆认知目标分类和英语学习活动观,我们的目标可以分为: 知道、领会(学习理解),应用、分析(实践应用),综合、评价(迁移创新),根据学生特质的不同,在任何一个年级的英语教学中,都应该因材施教,在不同程度上尽量给予每个学生思维上的有效训练。

学生学习理解主题意义: 感知注意语言特点,获取与梳理信息并形成结构化知识,概括与整合话题意义;应用实践: 描述与阐释主题,分析与判断文本中的现象与观点,内化目标语是如何为主题意义服务的,运用所学语言(即用英语做有意义的事情);迁移创新: 分析论证、批判与评价、想象与创造,阶梯式地形成逻辑性思维、批判性思维和创造性思维。

(四) 文化品格

文化意识与语言学习的形成是相辅相成的,它是价值取向。

小学阶段学生应达到: 知道英语中最简单的称谓语,问候语和告别语。对一般的赞扬请求,道歉等作出适当的反应。知道世界上主要的文娱和体育活动。知道英语国家中典型的食品和饮料的名称。知道主要英语国家的首都、国旗、重要标志物等。了解英语国家中的重要节日。最终使学习者在学习和日常生活中,能初步注意中外文化差异。

　　初中阶段学生应达到：初步了解英语国家的地理位置、气候特点、历史等，了解英语国家的人际交往习俗、饮食习俗，了解世界上主要的文娱和体育活动，了解世界上主要的节假日及庆祝方式，关注中外文化异同，汲取文化精华，加深对中国文化的理解，形成正确的价值观，鉴定文化自信，形成自尊、自信、自强的良好品格，能初步用英语介绍祖国的主要节日和典型的文化习俗。[①]

二、学科课程年段目标

　　基于以上目标，依托我校"I－English"学科课程理念，确立我校的英语课程体系目标，来逐步实现对语言综合运用能力培养的总目标。我校三至九年级具体分类目标如下(见表 5－1－1)。

表 5－1－1　"I－English"学科课程年段目标表

年级	语言能力	学习能力	思维品质	文化意识
三年级	1. 了解简单的自然拼读。 2. 能正确书写 26 个字母。	1. 能在教师的引导下积极与他人合作。 2. 会制定出简单的英语学习计划。	喜欢学英语，乐于参与课堂的英语活动。	1. 了解西方国家的重要标志物。 2. 熟练运用英语最简单的问候语，称谓，告别用语。
四年级	1. 尝试根据单词的音、形、义来学习词汇。 2. 了解字母组合在单词中的发音规律。	1. 对所学内容开始尝试进行复习和归纳。 2. 在课堂交流中，学会注意倾听，思考听讲。	1. 享受英语学习过程，并在学习中主动用英语进行表达。 2. 能在小组活动中积极与他人合作，相互帮助，完成任务。	1. 知道世界国家国旗、歌曲，以及节日和体育活动。 2. 了解西方国家重要的标志物。
五年级	1. 理解并运用一般将来时时态。 2. 了解英语语音包括连续、节奏、停顿、语调等现象。	1. 在课堂交流中，学会注意倾听，思考听讲。 2. 积极运用所学英语进行表达和交流。	1. 遇到问题能主动请教，并且克服困难。 2. 能在英语交流中注意和理解他人的情感。	1. 了解西方及文化习俗。 2. 在学习和日常交际中。初步注意中外文化异同。

---

① 教育部.普通高中英语课程标准[M].北京：人民教育出版社,2018.10.

年级	语言能力	学习能力	思维品质	文化意识
六年级	1. 掌握有关六年级话题 600—700 单词以及 50 左右词的学习用语。 2. 了解英语语音包括连续、节奏、停顿、语调等现象。	1. 能初步借助简单的工具书或者网络资源学习英语。 2. 课堂上积极思考,主动交流表达所学知识。	1. 对祖国的文化有更深的了解和探究意识。 2. 继续保持对英语地兴趣学习,并在生活中,接触英语时,乐于探究其含义并尝试模仿。	1. 在学习和日常交际中,主动探索中外文化异同。 2. 知道英语国家的首都以及重要城市。
七年级	1. 正确使用一般现在时、一般过去时、现在进行时、祈使句。 2. 了解语音知识,会用 100—200 个习惯用语和 700—800 个单词。	能尝试使用适当的学习方法,克服学习中遇到的困难。	对英语学习表现出积极性和初步的自信心。	能意识到语言交际中存在文化差异。
八年级	1. 会话中语音语调流畅、正确、自然。 2. 正确使用一般将来时、一般过去时态、过去进行时态、现在完成时和比较级、最高级。 3. 700—800 个单词, 100—200 个短语。	能在学习中相互帮助,克服困难。能合理计划和安排学习任务,积极探索适合自己的学习方法。	有明确的学习需要和目标,对英语学习表现出较强的自信心。	在学习和日常交际中能注意到中外文化的异同。
九年级	1. 正确使用被动语态、过去进行时、宾语和定语从句。 2. 使用 200—300 个短语,1500—1 600 个单词。	能与他人合作,解决问题并报告结果,共同完成学习任务。能对自己的学习进行评价,总结学习方法。能利用多种教育资源进行学习。	有较明确的英语学习动机、积极主动的学习态度和自信心	进一步增强对文化差异的理解与认识。

第三节　依托项目学习　创设主题实践活动

一、"I‑English"英语课程结构

基于我校学科建设理念、英语课程标准的培养目标和学生的年龄特点,在英语课程构建中我们要注重内容的横向和纵向发展,注重拓展丰富的课程资源,通过多种课程形式,落实英语核心素养。我校英语课程主要借助了I‑English课堂、I‑English项目这两种方式实施。详情见图5‑1‑1"I‑English"英语课程实施框架:

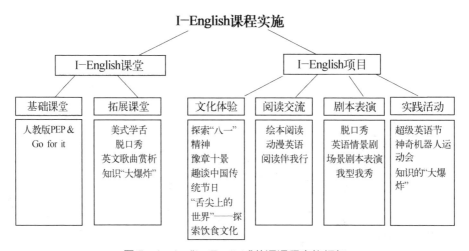

图5‑1‑1　"I‑English"英语课程实施框架

二、"I‑English"英语课程框架

通过对课程的重新梳理,我们在原有基础上,对英语校本课程进行了再次系统、科学的开发。教师通过创设快乐、轻松、和谐的学习氛围,利用听、说、读、写、玩、演、视、听、做等教学手段对学生进行英语语言浸润式教学。课程设置及框架纵向表(见表5‑1‑2)。

表5-1-2 "I-English"英语课程设置及框架纵向表

年 级	课 程 名 称	
三年级	Phonic Club	Enjoy Reading
四年级	American Tongue	Comic English
五年级	The Bite of the World	Scene Play
六年级	Talk show	Enjoy English Songs
七年级	Search Bayi Spirit	Knowledge Big Bang
八年级	English Sitcom	Reading with me
九年级	Traditional Festivals	Fantastic Rorots Sports Meeting

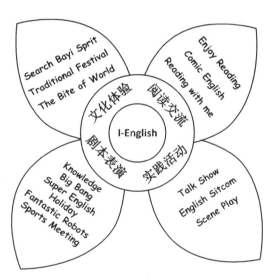

图5-1-2 "I-English"英语课程设置及框架横向表

第四节 推动项目探究,满足多元学习需求

英语学科核心素养是学生在英语学习过程中所掌握的解决实际问题能力,是满足学生自我发展,促进社会发展所需要的必备品格和关键能力。在实际的教学

中，如何贯彻落实英语学科核心素养的教育理念，如何进行实际操作是现阶段大多数教师们的困惑，相关的实证性研究也较为缺乏。北师大外文学院院长程晓堂教授提议使用探究式教学、项目式教学、任务型教学等方法来落实核心素养的教学。项目教学法是一种综合的教学方法，目的是让学生能够参与到真实问题的探究中，它们之所以是真实的，是因为学生可能会在他们的日常生活中遇到这些情况；这些真实的问题或任务通常被视为项目，需要学习者自主地、有计划地进行探究，解决问题，完成项目任务；教师在项目教学中适当给予学生指导和帮助，学生充分享有自我组织和自我管理的权利。为此，我校英语课程从"I‐English 课堂"、"I‐English 项目"开始实施。

一、建构"I‐English 课堂"，彰显我校英语教学主张

建设符合我校英语学科实际的"I‐English 课堂"，主要包括基本要求和评价要求两个方面。

(一)"I‐English 课堂"的基本要求

我校"I‐English 课堂"遵循"尊重学生个性、树立技能意识、展示人文情怀"三大基本要求。

"尊重学生个性"：要求课堂教学面向学生，以学情为教学的起点和终点，让学生站在课程中央，成为学习的主人。

"树立技能意识"：英语教学要以技能培养为依据进行教学，杜绝模式化教学，以学生为主体，以教师为主导，以教学活动为主线，以学生语言综合能力培养为核心，形成明确的教学要求和操作要领。

"展示人文情怀"："英语教学的根本任务是'开阔视野、体验文化'"是指要发展学生的国际视野与家国情怀，"体验文化"是指建构学生的人文精神，从而达到优化其言语，是全面达成教学目标的关键所在。英语阅读是打开世界的窗户，是汲取人文精神的法宝，而英语阅读课堂必然是文本理解和表达方式理解的重要途径。

(二)"I-English 课堂"的评价要求

我们从三个着眼点来思考"I-English 课堂"的评价。

1. 英语课堂,学生主体。快乐课堂的重要特征,就是培养学生的学习兴趣与能力。在教师的系列课堂活动的创设下,学生主动学习,并养成良好的英语学习习惯。

2. 英语课堂,教的享受,学的快乐。我校创设 I-English 英语品质课堂,学生在课堂上,在老师的引导下积极学习,乐学善思,并随着年龄的增长对英语学习保持持续性的兴趣和浓厚的求知欲,享受与人合作,交流和探究的快乐,引导学生以积极向上的态度健康成长。教师在教学中,寓教于乐,创设高效有趣的英语课堂,我们把真情融入中小学英语的教授当中,始终保持新鲜感。

3. 英语课堂,趣味高效。英语学科是一门工具性学科,这就决定了我们教师在课程实施过程中,要注意语言的交际性,功能性。合理做到学情分析,根据学生的年龄特点,来创设趣味并高效的英语课堂,让学生达到 Study in English, Think in English。高效的英语课堂要求教师对教材的把握,尤其是对知识整合和应用必须精准。高效的英语课堂更是尊重学生的个体差异,让学生对学习产生极大的满足感。形成课堂教学评价表制定见表5-1-3:

表5-1-3 "I-English"英语课程课堂教学评价表

学 校		上课时间		教 材			
班 级		授课教师		课 题			
评价项目	评 价 内 容	得 分				项目得分	
		A	B	C	D		
教学目标 (10分)	符合课程标准和学生实际,并以语言运用为中心	5	4	3	2		
	有达到目的的相应教学活动	5	4	3	2		
教学内容 (15分)	教学内容正确,突出语言运用并含有一定信息	5	4	3	2		
	教学内容得到最大可能的训练	5	4	3	2		
	教材取舍、联系、次序安排恰当	5	4	3	2		

续　表

评价项目	评价内容	得分				项目得分
		A	B	C	D	
教学组织（15分）	以活动为中心，而且自然有序	5	4	3	2	
	正确引导，注重学法指导	5	4	3	2	
	课堂调控恰当	5	4	3	2	
教学方法（15分）	适合学生、重学法指导而且灵活多变	5	4	3	2	
	创设情景，听、说、读、写设计得当	5	4	3	2	
	恰当进行有利于学习的训练	5	4	3	2	
教学效果（20分）	能激发学生学习兴趣和动力，学生精神状态好	10	7	4	2	
	能达到本课拟定的预期目的，学生学有所得，教材基本要求落实好	10	7	4	2	
教学素质（15分）	教态亲切自然，仪表端庄，富有敬业精神	5	4	3	2	
	英语语音语调好，听说自如	5	4	3	2	
	多媒体制作基本功好（仅为加分考虑）	5	4	3	2	
学生活动（10分）	学生参与活动的广度	5	4	3	2	
	学生参与活动的深度	5	4	3	2	
总评（100分）		各项得分总和				

授课教师突出表现：

评课教师签名：

二、开展项目学习，创设多彩主题实践活动

我校"I‐English"课堂教学紧紧围绕 2011 版、2017 版《英语课程标准》和"学科课程学习内容和认知水平评价参照表"，结合学生的学习和发展实际，采用多元优化的评价方式，评价学生综合语言运用能力的发展水平。坚持评价的科学性、导向性、激励性、参与性、多样性、可行性、阶段性原则，以形成性评价为主，以学生平时

参与各种英语教学活动所表现出的兴趣、态度和交流能力为主要依据。提倡强化激励和反馈的功能,帮助学生发展多方面的潜能。

(一)"I-English"项目的建设途径

我校"I-English"项目将从文化体验、阅读交流、剧本表演、实践活动四个方面设置主题,围绕听、说、读、写、玩、演、视、做等方面的能力进行。在探索"八一"精神、趣谈中国传统节日、舌尖上的世界、阅读伴我行、情景剧表演、脱口秀、神奇机器人运动会等项目主题活动中,让学生通过体验、探索、鼓励、乐享,有效地学习英语,培养他们在听说读写、玩演视听做方面的综合能力。

(二)评价方法

结合英语学科特点,根据项目内容的不同,我校"I-English"项目课程群评价分为:基础性评价、特色性评价、终结性评价。最终的评价等级依据各项评价等级进行评定,即 A、B、C、D。具体参考见下表5-1-4:

表5-1-4 "I-English"英语项目课程质量评价表

评 级 内 容		评 价 等 级					
		过程性评价				综合性评价	
		A	B	C	D	生评	师评
基础性评价	课堂表现						
	听说方面						
	读写方面						
特色性评价	动手制作方面						
	玩演视听方面						
	思考练笔方面						
	成长记录袋						
终结性评价	口语表达(成长记录袋、语言才艺展示)						
	语言知识和技能综合测试(书写字母,单词,阅读理解)						

表 5-1-5　"I-English"英语项目课程基础性评价标准

形式	评价内容	评价标准	评价等级
基础性评价	课堂表现	1. 课堂纪律良好，认真听讲，发言大胆积极。 2. 在教学的各个环节引入竞争机制，从单词，课文朗读，对话表演等方面，小组活动中所体现出的合作精神，信息交流能力。	每周统计一次。以量化表为准。对表现好的学生给予奖励，例如设"模仿秀"奖、"合作奖"、"参与奖"、"纪律奖"等，奖励一张奖状。发挥对学生的激励和导向作用。以 A\B\C\D 为等级标准。
	读写方面	1. 作业完成认真，能按时书写并及时上交。 2. 作业干净、整洁、规范，无乱写、乱画情况。 3. 作业出现错误少或出现的错误能及时订正。	每周统计一次，共记 15 次，以量化表为准。完成书面作业并干净、认真，得 A；按时完成，但是不太认真，得 B\C；不能按时完成，得 D。
	听说方面	1. 按时完成听读打卡作业，每周至少 3 次。 2. 按时完成配音，每周至少 1 次。 3. 按时上传小视频，每周至少 1 次。	以听读表为标准，完成一次听读作业得一个优，听读作业都完成，得 A；完成一半的，为 B；完成 1/3 的，为 C；基本没完成的为 D。期末依据听读表统计。

表 5-1-6　"I-English"英语项目课程特色性评价标准

形式	评价内容	评价标准及等级
特色性评价	小报制作展评	1. 小报设计图文并茂，句子书写工整正确，制作精良 A； 2. 小报设计图文并茂，但书写不工整或有个别错误 B； 3. 小报设计不太美观，书写有严重的语法错误 C； 4. 小报设计应付了事或未上交 D。
	诗歌朗诵，扮演小视频，短剧表演	1. 每周按时完成得 A； 2. 完成一半的，为 B； 3. 完成⅓的，为 C； 4. 基本没完成的为 D。期末依据听读表统计。
	英文书写达人展评	1. 根据比赛成绩分为一、二、三等奖； 2. 获一等奖的为 A； 3. 获二等奖的为 B； 4. 获三等奖的为 C、D。

续　表

形　式	评价内容	评价标准及等级
特色性评价	成长记录袋	1. 装饰美观，内容每周一次，为 A； 2. 装饰较美观，内容少于整体要求的 2 次，为 B； 3. 装饰较美观，内容少于整体要求的 5 次，为 C； 4. 应付了事或没内容，为 D。

同时会根据不同的主题活动设置不同的特色活动评价表，如在"舌尖上的世界"——探索饮食文化项目学习中就设置了"舌尖上的世界"特色活动评价表，具体参考见表 5-1-7：

表 5-1-7　"舌尖上的世界"特色活动评价表

形　式	评价内容	评价标准及等级
特色性评价	食品海报制作或健康食谱设计展评	1. 海报或食谱设计图文并茂，句子书写工整正确，制作精良评为等级 A； 2. 海报或食谱设计图文并茂，但书写不工整或有个别错误评为等级 B； 3. 海报或食谱设计不太美观，书写有严重的语法错误评为等级 C； 4. 海报或食谱设计应付了事或未上交评为等级 D。
	就餐、点餐短剧表演	1. 谈话内容丰富，声情并茂评为等级 A； 2. 能够运用英语食品词语和功能句，情境感不错评为等级 B； 3. 能够运用英语食品词语和功能句评为等级 C。
	评选"小厨神"	1. 食品美味，制作精细，外观精美，介绍制作方法流利评为等级 A； 2. 食品较美味，制作精细，外观精美，介绍制作方法较流利评为等级 B； 3. 食品较美味，制作较精细，外观较精美，介绍制作方法不够流利评为等级 C。

（三）终结性评价标准

终结性评价以考查学生在牢固掌握基本知识的基础上综合语言运用能力为目标，评价方式为口语测试及纸质测试。考查内容以"I-English"英语项目课程中涉及的话题为主，根据不同的主题活动设置不同的主题活动评价。如在"舌尖上的世界"——探索饮食文化项目学习中就设置了"饮食文化特色活动评价表"，具体参考见表5-1-8：

表5-1-8　"舌尖上的世界"活动结果评价表

厨师姓名	作品名称	中餐西餐	步骤清晰度	语言准确度	食品健康度	互动效果

三、开展多彩英语活动，创造英语学习氛围

(一) 英语活动的开展形式

根据我校实际，每学期开展一次"I-English"活动节。在坚持"英语阅读伴我行"每日阅读的基础上，每学期扎实开展"朗诵会"、"英语演讲比赛"等活动，小学重点开展绘本活动，七年级重点开展短剧表演活动，八年级开展名著分级阅读活动，九年级开展英语演讲比赛活动。

(二) 英语派对节

结合英语学科的跨文化意识的培养，我校将结合中西方文化点来开展相不同性质的英语派对节。在坚持每日听读的基础上，每学期开展相对的主题派对：感恩寄语派对，复活手工派对，万圣服饰配对，圣诞节故事派对，中国传统节日秀场趴来创设良好的学习氛围，从而提高学生的国际视野。"英语活动节"的评价要求见表5-1-9"I-English"课程英语活动节评价表。

总之，教师是学科的建构者，也是课程的生成者。"I-English"课程理念就是我们共同的教学追求。我们通过"I-English"课堂和"I-English"项目多渠道开发课程活动。在"让学生爱上英语，成为学习的主人"的旗帜下，让英语课程充满生命的激情和活力，力求形成自主学习、师生合作、人文渗透、积极创新的教学氛围，确立"独

立思考、求同存异、百花齐放"的教学价值追求。

表 5-1-9 "I-English"课程英语活动节评价表

评价对象	指标体系	等 级 内 容	评定等级
英语活动节	组织建设	1. 章程、制度健全 2. 有专业教师负责	
	活动目标和计划	1. 有年度活动目标 2. 活动目标明确具体 3. 有实现目标的行动计划 4. 计划科学、合理且可行	
	学生活动	1. 积极主动,活动到场率高 2. 生生合作,师生互动好 3. 学生有问题意识 4. 学生有较多的体验和感受	
	负责老师表现	1. 活动构思新颖 2. 参与活动的积极性 3. 指导教师之间经常交流工作情况,工作顺利开展,工作能力强	
	活动成效	1. 活动正常开展,受到参与学生的欢迎和得到领导的肯定 2. 学生活动自主性高,学生得到充分锻炼 3. 活动中涌现出优秀学生获得市属以上级奖励	
	活动记录和资料保存	1. 记录及时 2. 各种记录保存完好	

(撰稿人: 廖艳艳 姜雪瑛)

尚品英语：品质英语　成就未来

　　南昌市育新学校创办于1952年，在当时江西省委、省政府领导邵式平、方志纯等革命前辈的亲切关怀下诞生，是一所具有光荣革命传统和深厚校园文化底蕴的学校，是被誉为"城市花园"的一所最大的九年义务教育一贯制窗口学校，素有"花园、学园、乐园"之美誉。学校一直致力于开展教育改革实践与研究，确立了"育有品位的一代新人"的办学目标，形成了"尚品教育"的理念，让每一个孩子向有品位的人生迈进。学校初中部英语教研组依据教育部《关于深化课程改革，落实立德树人根本任务的意见》、《义务教育英语课程标准（2011年版）》等文件精神，以"学生核心素养"为统领，秉承"尚品教育"理念，进行"尚品英语"课程建设，以系统课堂为中心，依托课后、课外的各种项目活动的有效开展，借助校园文化节大平台，展示学生英语习得的成就感，推动学生核心素养的养成，进一步提升学生"人生品位"。

第一节　凸现品质趣味，彰显个性特征

一、学科课程价值观

　　《普通高中英语课程标准（2017年版）》指出其总目标是："全面贯彻党的教育方针，培养具有中国情怀、国际视野和跨文化沟通能力的社会主义建设者和接班人。"《义务教育英语课程标准（2011年版）》指出："义务教育阶段的英语课程具有工具性和人文性双重性质。"[1]基于两个课程标准的要求，我校英语组确定"尚品英语"课程核心价值是：英语学科的工具性是为人文性服务的，最终统一为学生终身

---

① 郑敏莺.高中英语报刊阅读教学核心价值观——公民个人层面价值培养研究[J].新课程,2018,(21)：178—179.

发展奠定基础。学校以"尚品英语"学科课程为平台，通过语言学习和项目活动，来实现学生学习能力、文化意识、思维品质与学习能力等英语学科核心素养的养成。

二、学科课程理念

基于建构主义的项目教学法，改变了传统教学法的三个中心："由以教师为中心转变为以学生为中心、以课本为中心转变为以'项目'为中心、由以课堂为中心转变为以实际经验为中心"，尤其突出了"理实一体、做学一体、做学结合"的过程，使学生成为认知的主体，是知识意义的主动建构者。① 这一理念恰好符合我校英语校本文化教育课程建设价值需求，因此，结合我校本资源和教研实际，根据英语学科的特点和核心价值，我校英语组经过反复研讨，确立了以"尚品英语"为核心的初中英语学科课程理念。

"尚品英语"第一品（品趣）（Interest）即通过有效的课内基础课堂，引导学生通过课堂上的积极参与和实践学会基础语言知识，在小学英语阶段学生初步品尝到学习英语的兴趣后，再次激发他们学英语的兴趣，初步树立学生的自信心，为语言交际打下基础。"尚品英语"第二品（品控）（Improvement）即通过组织高质量的课后课外教学活动（项目设计），引导学生通过多种方式展示自己的才艺，品到语言学习的信心和初步语言感知能力，提高学生的英语学习能力，把学生的可持续发展变成可能。"尚品英语"第三品（品致）（Individuation）即通过系列主题品文化节活动展示学生的学习成果，引导学生形成个性特征，推动学生核心素养的养成，让学生初步品到人生的格调志趣。

"尚品英语"主要注重以下几个要素：以课堂为主阵地，组织学生进行自主性、有计划的行动，通过解决问题的过程，营造相应的社会情境来使用英语，展示才艺，习得相应的素养。是"扎根于课堂，贯穿于活动（项目），成就于自己"的课程。具体而言，"尚品英语"抓住了课堂教学这个培养学生核心素养的主阵地，激发学生长期的学习兴趣，让学生主体地位得到保障。"尚品英语"丰富了英语的教学手段，通过各种课内、课外活动，是学生学习英语兴趣、语言能力的持续助力，把学生的可持续

---

① 刘文，王欣.项目教学法在高职英语教学中的实践[J].中国电子商务，2012，(5)

发展变成可能。

第二节　综合五维发展,系统持续渐进

一、学科课程总体目标

《英语课程标准(2011版)》中指出,义务教育阶段英语课程的总目标是:"通过英语学习使孩子形成初步的综合语言运用能力,促进心智发展,提高综合人文素养。综合语言运用能力的形成建立在语言技能、语言知识、情感态度、学习策略和文化意识等方面整体发展的基础之上。语言技能和语言知识是综合语言运用能力的基础;文化意识有利于正确地理解语言和得体地使用语言;有效的学习策略有利于提高学习效率和发展自主学习能力;积极的情感态度有利于促进孩子主动学习和持续发展。"这五个方面相辅相成,共同促进综合语言运用能力的形成与发展。

基于核心素养对学生的不同维度的要求,我校英语教研组以学生为本,以提高学生语言运用能力和发展孩子的思维能力为指导思想,创设"尚品英语"课程群,来培养学生的综合语言运用能力,即从语言知识、语言技能、学习策略、文化意识、情感态度五个目标来分层实现。

(一) 语言技能

语言技能是语言运用能力的重要组成部分,主要包括听、说、读、写等方面的技能的综合运用。初中阶段学生应达到:能听懂有关熟悉话题的语段和简短的故事。能与教师或同学就熟悉的话题(如学校、家庭生活)变换信息。能读懂小故事及其他文体的简单书面材料。能用短语或句子描述系列图片,缩写简单的故事。能根据提示简要描述一件事情,参与简单的角色表演等活动。能尝试使用适当的学习方法,克服学习中遇到的困难。

(二) 语言知识

初中阶段学生应达到语言知识,了解英语词汇包括单词、短语、习惯用语和固

定搭配等形式。理解和领悟词语的基本音义以及在特定语境中的意义,运用词汇描述事物、行为和特征,说明概念等。学会使用1500～1600个单词和200～300个习惯用语或固定搭配。

(三) 情感态度

　　保持学生积极的学习态度是英语学习成功的关键。教师应在教学中不断激发并强化学生的学习兴趣。初中阶段学生应达到对英语学习表现出积极性和初步的自信心。有明确的学习目的,能认识到学习英语的目的在于交流。有学习英语的愿望和兴趣,乐于参与各种英语实践活动。有学好英语的信心,敢于用英语进行表达。能在小组活动中积极与他人合作,相互帮助,共同完成学习任务。能体会英语学习中的乐趣,乐于接触英语歌曲、读物等。能在英语交流中注意并理解他人的情感。遇到问题时能主动请教,勇于克服困难。在生活中接触英语时,乐于探究其含义并尝试模仿。对祖国文化能有更深刻的了解,具有初步的国际理解意识。

(四) 学习策略

　　在英语教学中,教师要有意识地帮助学生形成的自己的学习策略。初中阶段孩子应根据需要进行学习。在学习中集中注意力。在学习中善于记要点。在学习中善于利用图画等非语言信息理解主题。借助联想学习和记忆词语。对所学内容能主动复习并加以整理和归纳。在学习中积极思考,主动探究,善于发现语言的规律并能运用规律举一反三。在使用英语时,能意识到错误并进行适当的纠正。必要时,有效地借助母语知识理解英语。尝试阅读英语故事及其他英语课外读材。明确自己学习英语的目标。明确自己的学习需要。制订切合实际的英语学习计划。把握学习内容的重点和难点。注意了解和反思自己学习英语中的进步与不足。积极探索适合自己的英语学习方法。经常与老师和同学交流学习体会。积极参与课内外英语学习活动。

(五) 文化意识

　　语言学习与文化意识的形成是相辅相成的。初中阶段学生应达到: 在英语学习的较高阶段,要通过扩大学生接触外国文化的范围,帮助学生拓展视野,使他们提高对中外文化异同的敏感性和鉴别能力,进而提高跨文化交际能力。初步了解英语国家的地理位置、气候特点、历史等。了解英语国家的人际交往习俗。了解世界上主要的文娱和体育活动。了解世界上主要的节假日及庆祝方式。关注中外文化异同,加深对中国文化的理解。能初步用英语介绍祖国的主要节日和典型的文化习俗。①

二、学科课程年段目标

基于以上目标,依托"尚品英语"学科课程理念,确立我校的英语课程体系目标,来逐步实现对语言综合运用能力培养的总目标。我校英语课程目标体系分为语言能力课程目标和素养养成目标。英语语言能力课程目标包括英语基础知识、阅读、听力和口语、写作等四部分,英语素养养成课程目标包括思维品质和文化意识养成目标。

表5-2-1 "尚品英语"年段课程目标

年级	语言技能	语言知识	学习策略	情感态度	文化意识
七年级	1. 能听懂接近自然语速、熟悉话题的简单语段,识别主题,获取主要信息。 2. 能听懂简单故事的情节发展,理解其中主要人物和事件。 3. 能在教师的帮助下或根据图片用简单的语言描述自己或他人的经历。	1. 能连贯、流畅地朗读课文。 2. 能理解简易读物中的事件发生顺序和人物行为。 3. 能从简单的文章中找出有关信息,理解大意。	1. 根据需要进行学习。 2. 在学习中集中注意力。 3. 在学习中善于记要点。 4. 在学习中善于利用图画等非语言信息理解主题。 5. 借助联想学习和记忆词语。 6. 对所学内容能主动复习并加以整理和归纳。	1. 有明确的学习目的,能认识到学习英语的目的在于交流。 2. 有学习英语的愿望和兴趣,乐于参与各种英语实践活动。 3. 有学好英语的信心,敢于用英语进行表达。	1. 了解英语交际中常用的体态语,如手势、表情等。 2. 恰当使用英语中的称谓语、问候语和告别语。 3. 了解、区别英语中不同性别常用的名字和亲昵的称呼。

① 教育部.义务教育英语课程标准[M].北京：北京师范大学出版社,2012.01.

续　表

年级	语言技能	语言知识	学习策略	情感态度	文化意识
八年级	1. 能根据提示给出连贯的简单指令。 2. 能引出话题并进行几个回合的交谈。 3. 能在教师的帮助下或根据图片用简单的语言描述自己或他人的经历。 4. 能在教师的指导下参与角色表演等活动。	1. 知道要根据单词的音、义、形来学习词汇。 2. 学习有关本级话题范围的 600—700 个单词和 50 个左右的习惯用语,并能初步运用 400 个左右的单词表达二级规定的相应话题。	1. 在学习中积极思考,主动探究,善于发现语言的规律并能运用规律举一反三。 2. 在使用英语时,能意识到错误并进行适当的纠正。 3. 必要时,有效地借助母语知识理解英语。 4. 尝试阅读英语故事及其他英语课外读材。	1. 能在小组活动中积极与他人合作,相互帮助,共同完成学习任务。 2. 能体会英语学习中的乐趣,乐于接触英语歌曲、读等。 3. 能在英语交流中注意并理解他人的情感。	1. 了解英语国家的饮食习俗。 2. 对别人的赞扬、请求、致歉等做出恰当的反应。 3. 用恰当的方式表达赞扬、请求等意义。
九年级	1. 能就简单的话题提供信息,表达简单的观点和意见,参与讨论。 2. 能与他人沟通信息,合作完成任务。 3. 能在口头表达中进行适当的自我修正。 4. 能有效地询问信息和请求帮助。 5. 能根据话题进行情景对话。	1. 了解英语词汇包括单词、短语、习惯用语和固定搭配等形式。 2. 理解和领悟词语的基本音义以及在特定语境中的词汇意义。 3. 运用词汇描述事物、行为和特征,说明概念等。 4. 学会使用 1500—1 600 个单词和 200—300 个习惯用语或固定搭配。	1. 明确自己学习英语的目标。 2. 明确自己的学习需要。 3. 制订切合实际的英语学习计划。 4. 把握学习内容的重点和难点。 5. 注意了解和反思自己学习英语中的进步与不足。 6. 积极探索适合自己的英语学习方法。	1. 遇到问题时能主动请教,勇于克服困难。 2. 在生活中接触英语时,乐于探究其含义并尝试模拟。 3. 对祖国文化能有更深刻的了解,具有初步的国际理解意识。	1. 初步了解英语国家的地理位置、气候特点、历史等。 2. 了解英语国家的人际交往习俗。 3. 了解世界上主要的文娱和体育活动。 4. 了解世界上主要的节假日及庆祝方式。

第三节　纵横资源共享，能力品味递阶

一、"尚品英语"学科课程结构

　　基于我校学科建设理念、英语课程标准的培养目标和学生的年龄特点，在英语课程构建中我们要注重内容的横向和纵向发展，注重拓展丰富的课程资源，通过多种课程形式，落实英语核心素养。我校"尚品英语"课程理念主要借助 I-learn 课堂、I-show 社团、I-win 品文化节这三种方式实施。七年级年段主要是通过 I-learn 课堂和 I-show 社团课程帮助学生掌握基础的听（听课本录音，品味英语这门语言抑扬顿挫的有趣语调）说（说单词，主要是通过掌握自然拼读法记单词积累足够的词汇量）读（通过老师的适当指导掌握英语语言朗读的初步技能）写（通过书写锻炼掌握漂

图 5-2-1　"尚品英语"学科课程框架

亮整洁的书写能力),再通过 I-win 课程让学生品味英语学习的兴趣。八年级年段在七年级年段的基础上通过 I-learn 课堂和 I-show 社团课程进一步提升学生听(听英语经典歌曲/电影/演讲原文录音)说(说单词、说日常英语、说故事)读(读故事,读课文)写(改编课文,编故事)能力,再通过 I-win 课程让学生品味英语语言学习的信心。九年级年段在八年级年段的基础上通过 I-learn 课堂和 I-show 社团课程使学生能运用较复杂的英语听说读写活动,展示他们英语语言习得的风采,从而品味初步的成功,打开他们以后的语言学习的大门。

二、"尚品英语"学科课程设置

通过对课程的重新梳理,我校在原有基础上,依据各年级学生学情,由易到难,由浅入深,由单一到综合,精心开展项目活动,循序渐进,贯穿七、八、九三个学段,对英语校本课程进行了再次系统、科学的开发。同时,由教师创设快乐、轻松、和谐的学习氛围,利用听、说、读、写、玩、演、视、听、做等多种教学手段组织实施。

表 5-2-2　"尚品英语"具体课程目标

年 级	学 期	I-learn 课程	I-show 课程	I-win 课程
七年级	上学期	单词听写比赛活动 (Word Game)	领读者俱乐部 (Reader Club)	英语名片设计 评比活动 (English Name Card DIY Show)
	下学期	课本录音模仿比赛活动 (Text Recording Imitation Contest)	书写俱乐部 (English HandWriting Club)	英语书写评比活动 (English Handwriting Show)
八年级	上学期	单词接龙比赛活动 (Word Solon)	说英语故事俱乐部 (English Story-writing Club)	说英语故事展示节 (English Story-telling Performance)
	下学期	日常英语天天说活动 (Everyday English)	英语课本剧俱乐部 (English Drama- making Club)	英语课本剧表演节 (English Drama Performance)

年 级	学 期	I-learn 课程	I-show 课程	I-win 课程
九年级	上学期	话题大脑风暴活动 （Topic Brainstorming Solon）	重温经典文化活动 （英语经典演讲/ 歌曲/电影赏析） （Classic Appreciation Club）	英语经典歌曲演唱 比赛活动 （Classic English Song Singing Contest）
	下学期	中考英语主题沙龙 （Theme Talk Solon）	英语中考话题思维 图制作俱乐部 （Mind-map Making Club）	模仿名人演讲比赛 （Imitation Celebrity Speech Contest）

第四节　深化情境探究，拓展应用树信

一、建构"I-learn 课堂"，有效实施 I-learn 课程

课堂教学是师生之间、生生之间交际互动与共同发展的过程，更是教学理念得到体现的过程。学生是学习的主人，教师是学习的组织者、引导者与合作者。"让课堂变成快乐的场所，让学校变成学生最向往的地方"成为诸多教育人的美好梦想。皮亚杰认为：学习是一个积极主动的建构过程，学生不是被动地接受外在信息，而是利用原有知识结构，主动地和有选择地获取信息，并建构其新的知识结构；学习过程必须突出学生的主体作用，关注学生的个性化特征，使其在知识学习中获得合理的个人经验，并且达到内化，从而使知识转变成能力；知识不可能仅由外部传授获得，人们应该以自己的经验背景为基础来建构现实和理解现实，从而形成知识。① 我国教育家孔子的"因材施教"、"启发诱导"、"温故知新"、"学思结合"的教学原则和《学记》中的"教学相长"的思想，正是实施三"I"课堂理论基础。即通过创设"项目活动"，以学生的自主学习活动为基础，通过学生自己预习，发现问题，并合作解决问题来培养学生的自主学习能力和合作学习能力，为终身学习打好基础；三

---

① 陈源清.初中小班化"自主互助"教学模式探索[J].教育研究与评论（中学教育教学），2012，（7）：48—50.

"I"课堂不再完全是预设的课堂，课堂上学生有质疑，有辩论，学生真正成了课堂的主体，在课堂逐步生成过程中对教师的课堂教学能力提出了更高的要求，也是教师提高自身的课堂教学能力的有利途径，改变了原有的课堂结构，让学生在自主，合作和探究的学习活动中收获新知，使每个学生在课堂上都动起来，提高了课堂教学效果，培养了学生的自主创新精神和独立思考问题的能力，它对学生知识、技能、情感素质和谐发展有着重要的作用。①

(一)"I-learn 课堂"实施要求及步骤

"I-learn 课堂"核心环节为"一主三段六步"。"一主"指明确的课堂活动主题；"三段"指整个课堂活动开展三个阶段，包括"课前自主学习活动——课中合作研讨——课后拓展延伸"三个阶段；而"六步"指教师在教学中展现的六个步骤："项目选取——自主准备——活动探究——合作建构——展示成果——评价反思"。

1. 项目选取：通过项目选取，诱发学生的求知欲望和探究心理，根据教材具体内容和学生特点、生活实际来设置。

2. 自主准备：学生自己广泛收集所选项目相关的信息资料。资料的来源可以是互联网、报刊书籍、广播电视、访问相关专家等，然后按照一定规则将资料分类，并对资料进行学习研究整理，培养学生的自主性、主动性和创造性，以提高学生的自主能力为目的来设置。

3. 活动探究：通过自主探究和互助探究两种形式来培养学生发现问题，分析问题、解决问题的能力及探索创新意识。

4. 合作构建：在自主探究、互助探究的基础上，进行全班交流研讨，将探究认知成果，转化成全班同学的认知成果。

5. 展示成果：制作作品，展示成果，使学生将所学知识融会贯通，进而达到举一反三，综合运用的目的，培养学生用英语解决实际问题的能力。

6. 评价反思：根据项目活动成果展示，教师和学生间进行多方面的评价，包括

---

① 何永夫.数字化环境下数学"自主合作学习型"课堂教学模式初探[J].新教育时代(学生版)，2016,(7)

学生个人在项目实施过程中的表现、对合作活动的计划安排,信息资料收集和研究成果等进行评价。引导学生更多地关注解决问题的过程和策略,提供给学生自己探索新知的各种各样的机会,使学生评价自己参与学习的意识、行为,审视自己的收获和发展。其评价形式有：自我评价、师生评价、生生评价。通过评价,使学生爱学、会学、善学,能创造性、探究性地学,在自信和成功中成长。[1]

(二)"I-learn 课堂"的评估标准

表 5-2-3　"尚品英语"课程"I-learn 课堂"的评估标准

对　象	内　容	分　值	评估要点及要求	评估等级及计分办法			
				A	B	C	D
学生表现	S1 参与面	12	1. 学生参与课堂活动面广、量多,以参与活动的人次计分。(参与指集体听、读、看之外的学生活动)	根据听课观察的实际情况分为四个等级,A: 学生参与率达到 85% 以上计 10—12 分；B: 达到70%—85% 计 7—9 分；C: 达到 50%—70% 计 4—6 分；D: 低于50%计 4 分以下。			
	S2 活动状态	12	2. 学生自主学习积极主动,互助学习分工明确,团结和谐,具有实效性。	根据听课观察的实际情况分为四个等级,A: 10—12 分；B: 7—9 分；C: 4—6 分；D: 4 分以下。			
	S3 活动形式	12	3. 学生活动形式多样,善于创新且富有实效。如：合理、恰当地运用读、说、写、画、唱、演、操作、交流、设计等多种活动形式。	根据听课观察的实际情况分为四个等级,A: 10—12 分；B: 7—9 分；C: 4—6 分；D: 4 分以下。			
	S4 参与度	12	4. 没有假问题,学生思维有深度,能够体现对所学知识的内化、重组而且外显效果好。	根据听课观察的实际情况分为四个等级,A: 10—12 分；B: 7—9 分；C: 4—6 分；D: 4 分以下。			

[1] 张丽秀. 新课程理念下"自主、互助、学习型"课堂教学模式建构与创新[J]. 学术理论与探索, 2008,(4)

续　表

对　象	内　容	分　值	评估要点及要求	评估等级及计分办法			
				A	B	C	D
学生表现	S5达标程度	12	5. 根据当堂观察或检测85%以上的学生能够掌握所学知识的85%以上。	根据学生达标情况,每项计6分,分为三个等级,A: 5—6分;B: 3—4分;C: 0—2分。			
			6. 结合上学期学习水平,教学质量比课堂教学改革前有明显进步。				
教师表现	T1目标认定	5	1. 帮助学生认定明确的预设目标,目标制定具体合理;能及时把握和实施新生成目标。	根据课堂听课记录情况,分为三个等级,A: 4—5分;B2—3分;C: 0—1分。			
	T2教学结构	10	2. 课堂教学结构合理,符合学生认知规律;教学环节紧凑、容量大、效率高;当堂反馈矫正方法灵活、扎实、有效。	根据课堂听课记录情况,每项计5分,分为三个等级, A: 4—5分; B: 2—3分;C: 0—1分。			
			3. 关注学生差异,教学设计多层次,最大限度满足不同类型学生需求。				
	T3教学资源	5	4. 能根据课堂教学需求有效地整合教材和开发课程资源。	分为三个等级,A: 4—5分; B: 2—3分; C: 0—1分。			
	T4导学作用	10	5. 有效地发挥教师的支架作用,如相关方法的指导、必要的示范、引领;必要的重点、难点解疑;必要的预习提纲、导学案;必要的知识的系统化、结构化好拓展引申等。	根据听课观察的实际情况分为四个等级,A: 9—10分; B: 7—8分; C: 5—6分;D: 5分以下。			
	T5课堂调控	10	6. 在学生活动过程中及时给予反馈矫正、启发、点拨、强化等。	根据课堂听课观察情况,分为四个等级,A: 9—10分; B: 7—8分; C: 5—6分;D: 5分以下。			

二、优化运用 I-show 课程资源,提升 I-learn 课程效果。

　　I-show 课程资源的合理使用是对 I-learn 课程教学的一种补充和延伸,能够在拓宽学生语言文化知识和技能的基础上，培养学生丰富的语言学习思维和多元学习探究方法，能够有效增强学生的英语语言能力。I-show 课程资源包括三类，即"品趣（Interest）"课内基础课堂相关教学资源；"品控（Improvement）"课后课外教学活动相关的高质量教学资源；以及以学生创作为主体的"品致（Individuation）"系列主题品文化节的学生学习成果的优秀展示部分。这三类 I-show 课程资源相当于三种不同类型的资源配餐，主食，配菜和 DIY 食品，极大拓展丰富了学生的视野和见识，启发了学生应用英语的兴趣和思路。I-show 资源的运用能够产生如下效果：一是开阔学生的英语学习视野和思维，积累丰富的语言文化知识。二是优化文本教学资源，提高学生语言学习的主动性和探究性。三是激活学生英语学习的内在动力，不断增强英语发展创新的能力。I-show 资源优化运用更为学生快乐学习、综合运用奠定坚实基础。

（一）运用要求

1. 围绕学习要点，精选资源。首先，找准学习素材，特别是地方特色的语言表达习惯和传统文化积累，以此来丰富学生的思维情感。其次，运用好现有教学资源，通过运用将现代教学资源融入校本资源之中，体现互动发展的理念。最后，深化资源的学习探究过程，鼓励学生运用多种语言学习思维方法来探寻校本课程资源的特色，积累丰富语言文化知识。

2. 鼓励活动探究，活化资源。围绕"多元活动、自主体验"开展校本课程的活动，让学生在校本资源的学习中不断接受语言知识。首先，营造自由参与氛围，通过营造民主、平等、和谐的课堂氛围来激活学生的学习兴趣。其次，鼓励学生进行多元合作探究，允许学生尝试运用角色扮演、小组合作等方法来参与探究。最后，鼓励学生能够就自己的语言学习情况，通过一定的方式来再现，鼓励学生根据学习要点进行编写资源，以拓宽学习内容。

3. 尝试多元表达运用，促进资源转化。教师根据学生的学习认知情况，通过自主表达、对话交流角色扮演、书面表达等多样化手段，设置一定的探究话题为孩子的语言表达交流提供必要的物质保障，便于孩子进行交际，在彼此交流的过程中养成自主思考和主动探究的良好学习习惯，促进了资源的有效转化。

(二)评估标准

校本课程运用的评价包括四方面的内容：课程设置评价标准、课程方案评价标准、课程实施评价标准、学生学习情况的评价标准。

1. 课程设置评价标准：(1) 满足社会、地方需求：校本课程的开发应充分考虑到社会、地方经济发展对学生学识和能力的需求。(2) 促进学生个性充分发展：校本课程应尽量满足学生的兴趣和需要,促进全体学生的个性特长的发展,为学生的可持续发展创造条件。(3) 体现教师特长和学校特色：应根据学校的传统和优势,充分利用学校现有师资和条件,努力促进教师教育教学能力的提高和学校特色的形成。校本课程要保持一定的延续性和稳定性,特别是应体现教师的个性、才华,弘扬学校特色。

表 5-2-4 "尚品英语"课程设置评价表

评价项目	评 价 要 素	评价标准(分)	
目标内容	目标明确,符合情感态度。	3	
	贴近学生的生活实际,体验社会实践。内容综合、宽泛、新异、丰富学生的直接经验。	4	
	引入多种信息,围绕主题运用多门学科知识。	2	
	实践性强主题分量适当,有操作性。难易适当,意义重大。	5	
方式方法	组织形式多样,走上社会,面向大自然。	5	
	学生能自主活动,体现探究式学习方式,主体性得到充分发挥。	5	
	教师指导方法得当,主要是组织者和指导者、服务者。	5	
活动过程	实践的各环节有机结合,学生亲自实践、积极活跃。	4	
	活动步骤有序,活动导入新颖,活动过程完整,清晰。	4	
活动效果	陶冶情操,愉悦身心,最后有真实体验。	3	
	学生主动活动,参与面大,活动量大。	4	
	得到实践锻炼,能力得到提高。以活动促进发展,有标新立异、有创新成果	3	
	知识面有所拓宽,方式方法多样,体现学会学习	3	
总 评			

2. 课程方案评价标准。课程目标是否符合学校的办学宗旨或者说学校教育哲学,目标是否明确、清楚;课程内容的选择是否合适,所需的课程资源是否能够有效获取,内容的设计是否具有弹性;课程组织是否恰当,是否符合学生的身心发展的特点;课程评价的方式方法是否恰当;整个课程方案是否切实可行等。

表 5-2-5　"尚品英语"课程方案评价表

评价项目	评　价　要　素	评价标准(分)	
课程开发 目的意义 (20%)	与国家地方课程的联系密切。	3	
	对学生各方面素质提高的意义。	7	
	课程宗旨的体现。	5	
	对学生技能培养和创新意识培养的意义。	5	
课程目标 的确立 (20%)	目标明确、清晰。	7	
	知识目标、能力、目标和情感目标。	6	
	考虑到学力分层的因素,贯彻因材施教的原则。	7	
课程内容 (40%)	内容组织得好,层次分明,教材框架清晰。	10	
	内容科学、启发性强,突出能力。	15	
	内容新科技、新观点、新教学思想含量高。	15	
课程评价 (20%)	评价可操作性强、方法科学、具有激励性和制约作用。	20	
总　评			

3. 教师课程教学评价标准。教师的课程方案内容包括:校本课程大纲、教学计划、教材、教案。课程实施评价主要是对教师教学过程的评定。教务处、中心教研组通过听课、查阅资料、调查访问等形式,对教师进行考核,并记入业务档案。主要是五看:一看学生选择该科的人数,二看学生实际接受的效果,三看教师听课后的反映,四看学生问卷调查的结果,五看教师的教学案例、教案等。评价要有利于教师自身专业的发展。

4. 学生学习情况的评价标准。学生学业成绩评价主要是对学生在学习过程中,知识技能、情感、态度、价值观、学习方法等方面取得的成绩作出评价,评价要有利于促进学生个性的发展。校本课程不采用书面方式的考试或考查,对学生评价

表 5-2-6 "尚品英语"课程教师课程教学评价表

评价项目	评 价 要 素	评价标准
理念体现与教学设计	正确掌握课程的基本理念和教学模式,坚持全面发展的素质教育,体现知识与技能、过程与方法、情感态度价值观的和谐共融。教学设计严谨独特,结构合理、层次分明。	较好( ) 一般( ) 较差( )
教学目标的制定与达成	确定适合初中学生特点与课程特点的教学目标,目标明确、具体、切实可行,符合学生实际。教学效果显著,能使学生对教学目标有深刻的领悟,较高程度地达成教学目标,确保每个学生受益。	较好( ) 一般( ) 较差( )
教学内容设置的适切性	教学内容选择适宜,符合学生实际需求,并与教学目标一致,暗含目标。内容生动有趣,贴近初中学生的生活,适合学生身心水平,能为学生所理解和把握,有利于学习目标的达成。	较好( ) 一般( ) 较差( )
教学方法的多样性	教学方法应与课程目标一致,并服从、服务于教学内容的需要,教学方法动静相宜、灵活多样、有实效,符合学生特点,为学生所喜爱。教学媒体的选择应当。总之,合理采用教学形式,运用灵活多样的教学方法,体现兴趣导向,注重教学过程。	较好( ) 一般( ) 较差( )
教学组织要合理、顺畅和灵活	教学程序和结构要清晰合理,新颖有效。教学组织主次分明,进程紧凑、灵活有序,各环节连接自然流畅。沉着应对教学过程中出现的各种意外情形并妥善处理,体现教师的主导作用。	较好( ) 一般( ) 较差( )
教学准备工作的表现	主要指教师的备课及教学材料的准备要充分;教学场地的选择恰当;教学环境的设置要有利于师生互动和学生间的交流与沟通。	较好( ) 一般( ) 较差( )
教师的综合素养(品德、知识技能、心理状态)	教师对课程的把握要准确,对知识的理解和技能的使用要到位,思路清晰,点拨得法。仪表、教态、语言恰到好处,体现较高的修养与人格魅力,为人公正、平等、负责、理解、宽容、有亲和力,能取得学生的信任并成功地激励学生。	较好( ) 一般( ) 较差( )
学生的反应,即学生满意度的表现	学习方式要体现出自主、合作与探究性。学生对教师有积极的情感和态度,师生关系融洽;课堂气氛活跃,学生主动参与的程度较高,学习负担适宜;学生对知识技能的理解与掌握较好。	较好( ) 一般( ) 较差( )
教师教学反思的深刻性	能客观地进行反思,分析具体透彻,依据理由充分,语言准确清晰。能从教学实施的反思中,提出课程整体或局部的修缮问题,有利于对课程进行重构与改进。	较好( ) 一般( ) 较差( )
总 评		

主要是形成性评价：一看学生在学习过程中的表现，如情感态度、价值观、积极性、参与状况等，可分为"优秀、良好、一般、较差"等形式记录在案，作为"优秀学生"的评比条件。二看学生学习的成果，学生成果可通过实践操作、作品鉴定、竞赛、评比、汇报演出等形式展示，成绩优秀者可将其成果记录并存入学生成长档案袋。(① 学生上课出勤率评价，计为学时学分。出勤率低于60%无学分，超过90%，计满分。该项目占学业总成绩20%。② 学生课业完成情况评价，计为课业学分。占学业总成绩的40%。包括平时上课听讲、学习态度、作业的完成情况。③ 课程结业成绩，计为成绩学分。占学业总成绩的40%。包括平时上课听讲、学习态度、作业的完成情况。④ 学生校本课程学业总成绩＝①＋②＋③，最后按A、B、C、D分四个等级)①

表 5-2-7 "尚品英语"课程学生综合评价表

班级_____　　姓名_____　　时间_____

评价项目	评 价 要 素	评 价 标 准		
		自评	互评	师评
主动参与	认真参加每一次活动。			
	努力完成自己承担的任务。			
	做好资料积累和处理工作。			
	主动提出自己的设想。			
	乐于合作，能和同学交流，尊重他人。			
	善于提问，乐于研究，勤于动手。			
	关心国家大事，有一定的责任心。			
个体发展	能对自己进行"反思"。			
	实事求是，尊重他人想法与成果。			
	不怕吃苦、勇于克服困难。			
习得成效	能用多种途径获取信息。			
	能运用已有知识解决问题。			
	有求知的好奇心、探索的欲望。			

---

① 王纬，王妍莉.中学校本课程开发与实施[M].兰州：甘肃人民出版社，2016.03.

续　表

评价项目	评 价 要 素	评 价 标 准		
		自评	互评	师评
能力发展	独立思考、自主学习,主动发现问题,提出问题,寻求解决问题的方法。			
	积极实践,发挥个性特长,施展才能。			
总　评				

三、开展 I-show 课程各种社团活动,让学生增趣树信心

　　尚品英语 I-show 社团活动是课堂的延伸,是英语爱好者自我拓展的平台,其内容源于教材又高于教材。社团活动在课外进行,内容形式就不仅仅拘泥于课堂学习,更多的是在于兴趣的培养与知识的补充,兼具娱乐性和教育性,能培养学生的英语综合运用能力,增加学生学习英语的信心。

(一) 活动内容

　　一般来说,大多采用符合初中学生水平的文本或影视作为主要的活动材料。经典的电影赏析能让学生在视觉享受同时感受异域文化;文章的阅读和理解能够让学生体会文化背景,进一步培养学生的英语语感;情境模拟能在轻松愉快的氛围下提高学生们的英语运用能力和团队合作能力;演讲比拼能让学生体会到语言表达的魅力;写作能让学生在自我运用的过程中掌握细节的语法内容和语言结构;英语歌曲和笑话是学习过程中的一种调剂,能让学生放松自己,从而进行更高效的学习。如果有条件,还可以邀请外教来和学生进行现场的交流和互动,给学生最直观的语言感受。

表 5-2-8　"尚品英语"课程 I-show 戏剧社团课程实施计划

实施年级	课　　程	学 习 目 标	课 程 资 源	活 动 设 计
七上	熟悉英语话剧	建立戏剧性的语言环境	英语剧《Clothes Story》	听故事并学习故事

实施年级	课　程	学习目标	课程资源	活动设计
七下	初识英语话剧	提升英语思维模式建立	英语剧《Hansel and Gretel》	听故事并学习故事
八上	学习英文剧歌曲	实践词汇和技巧	英语剧《The Monkey King》	学习故事并进行配音
八下	学习场景对话	提升英语理解能力	英语剧《HuaMulan》	学习故事并进行配音
九上	整体剧本串联（一）	流畅阅读	《The story of Mid-autumn festival》	创作英文故事并演出
九下	整体剧本串联（二）	提供自我展示平台	《Yugong Movng Moutains》	创作英文故事并演出

表 5-2-9　"尚品英语"课程活动记录表

时　间		主　题	
活动内容及过程			
活动后记			

（二）活动方式

从听、说、读、写四个方面，以玩、演、唱、讲多种形式开展活动。七年级以人教教材为媒介，上学期开展 Happy-handwriting 活动，帮助学生正确书写字母单词，激发学生英语学习热情。活动设计：1. 教授字母单词正确书写。2. 开展书写大赛。3. 学生优秀书写作品展。4. 出版优秀作品集。下学期开展 Happy-showing 活动，激发学生学习热情，帮助学生熟练地掌握并能正确的运用词汇语句。活动设计：

1. 围绕单元话题开展活动。2. 让学生通过书写、画画等各种展现形式展示学生所学知识。八年级以绘本为媒介,上学期开展 Happy-joining 活动,带领学生感知英语语言的丰富性,帮助学生延展课外知识,培养阅读兴趣,提高写作能力。活动设计:1. 赏析绘本故事,跟随故事情节,感受英语语言的魅力。2. 讨论并加工绘本,通过缩写、扩写或改写绘本故事情节,编撰学生们自己的绘本故事。下学期开展 Happy-acting 活动,激发学生们在生活中运用英语语言的欲望,做到想用、会用、用准确。活动设计:1. 组织学生们表演绘本故事情节,加深对绘本的理解,提高情景创设下的语言交际能力。2. 评比、讨论、改良、提升语言综合运用能力。九年级以思维导图手抄报为媒介,上学期开展 Happy-brainstorming 活动,帮助学生不断完善自己的认知系统,推动学生核心素养的形成。活动设计:1. 围绕中学英语课程标准 24 个话题展开口语沙龙活动。2. 开展以思维导图为主要形式的手抄报比赛。下学期开展 Happy Writing 活动,有效地促进语言知识的内化,推动英语技能的全面发展。活动设计:1. 围绕中学英语课程标准 24 个话题开展写作比赛。2. 围绕中学英语课程标准 24 个话题开展演讲比赛。在各种形式的学习和才能的展示中,给学生营造一个英文环境,培养学生的英文学习兴趣。另外,本土的材料使用能让学生体会到纯正的地方文化,潜移默化中形成英文思维,提高英语学习效率。

(三) 开展英语社团活动的评价方案

　　科学的评价是活动有效开展的重要保障,更是英语课程的重要组成部分。通过评价,学生能够进一步认识自我,或是建立自信,体验进步和成功,进而促进英语学科核心素养的全面发展;或是了解不足,加以改进,从而更加认真努力地学习。同时,教师也获得活动开展的反馈信息,反思自己的教学行为并作及时的调整,以促进自己教育教学水平的提高。1. 评价标准:评价内容应该围绕着学生核心素养养成展开,定期对学生进行客观公正的评价,期末结束前举行总结表彰大会。评价指标应该有:语言应用能力,主要是从英文演讲、情境表演等地方体现;语言表达能力,小作文和读后感之类的文字叙述作业;团队合作能力,社团活动中会有多处涉及团队作业;课堂表现情况,这部分主要在纪律遵守方面,包括考勤和课堂参与度。

表 5-2-10 "尚品英语"课程英语社团评价表

评价项目	评 价 要 素	评价标准(分)	
语言运用能力	听懂并用所学语言叙述课文内容及背景。	5	
	能就熟悉的话题进行交流。	5	
	能借助词典阅读理解与课文相关的文字材料来获取信息,并从中获得乐趣。	5	
语言表达能力	能通过口头问答、朗诵、英语沙龙等学习活动交流。	5	
	能规范、熟练的书写。	5	
	能书面表达问题。	5	
团队合作能力	团队成员之间友爱互助,和谐积极。	5	
	团队有良好的精神风貌,保持饱满的学习热情。	5	
	团队内部管理及制度健全。	10	
	团队队伍成员稳定。	10	
课堂活跃情况	课堂展示内容具体。	10	
	内容编排有创意。	10	
	团体课堂整体表现好。	10	
	团体成员课堂活动获得情况。	10	
总评			

2. 评价方式:主要是评价活动开展效果及学生个体活动成果,以学生的互评作为主要依据,包括社团的与会学生和管理部门,各指导老师的意见作为参考。评价的目的是表优,但不惩劣,所以并不采用打分制,而是让学生选出每一指标中最优秀的十名同学。最终,不仅要对综合素质突出的成员进行表彰,还要设置各个单项奖如最具创意 idea、最佳表演奖、最优秀作品奖、最佳合作团队/小组奖,最积极参与奖等来表彰在某一部分特别优秀的同学和进步明显的同学。

四、创设 I-win 课程文化节,浓郁学习氛围。

尚品英语 I-win 文化节的创设,是符合当前教育理念的,也是实施"尚品英语"课程必要的一环。因为尚品英语 I-win 文化节目创设,能很好锻炼学生英语学习输入与输出这一结合过程,可以有效让学生听、说、读、写都进行锻炼,从而更好地提升了学生的综合能力,为学生的实践能力打下基础。同时尚品英语文化节目创设,促进了个体与合作结合,学生以个体或者是以集体的形式参加活动,促进合作交流。

在具体创设上,I-win 课程文化节,分为不同层次的设计。结合"品趣(Interest)"课内基础课堂教学,设计相关的故事表演等环节,深化学生对课堂内容的理解;结合"品控(Improvement)"课后课外教学活动,设计校园英语角、英语演讲等活动,开拓学生的视野,训练学生运用英语的能力;结合"品致(Individuation)"系列主题文化节,设计英语海报、英语集市、校园戏剧社等活动,激发学生兴趣,展示学生学习兴趣英语、品味英语的优秀成果。

在实施过程中,学生积极参与,有效合作,领悟到了快乐学习的宗旨。学生通过参与基本的单词、字句、书写、阅读等项目,使得英语学习氛围更加浓厚,学生学习起来也更有激情,让学生的基本功与拓展能力结合,延伸学生眼界。品质文化节的内容丰富,能让学生个人的兴趣爱好与个性发展特点结合,有效营造了轻松的学习氛围,很好的将严肃与趣味结合,让学生快乐学习,高效生活。

尚品英语 I-win 文化节创设,首要是精心编写策划书,这是文化节成功举办的基础,主要包括指导思想、活动主题、参加对象、活动内容、活动时间及安排、奖项设置、具体要求、报名及活动时间安排等要素,根据不同文化节主题确定策划书内容。

宋朝著名的教育家、宋思想家朱熹说:"知之必好之,好之必求之,求之必得之。"很形象地阐述了学习兴趣会带来持续的学习动力并获得很好的学习成果。我校的"尚品英语"的"三品"理念,就是通过精心创设活动,培养学生持续的学习兴趣,让学生有较好的输入和输出,在学生头脑中生成推进器,训练学生的思维,从而促进学生探究和创新意识的生成,进而锻炼学生的创新性和批判性思维品质,育人于潜移默化之中,最终实现学生人文素质的全面提高,达成课程的育人价值,实现我们的人文愿景。

（撰稿人：李玉琳）

第六章

大 融 合

开拓多模态的英语课程模式

英语课程应重视现代信息技术背景下教学模式和学习方式的变革。智能时代科技的发展推动着教学手段与学习方法的进步,突破了时间和空间限制的互联网和各类智能产品不仅影响了人类的日常生活,也让教育走进了一个"新时代"。借助科技的力量将英语教与学变得更加有趣和充实。而学生则在教师的带领下,变"被动接受"为"主动探索",学习策略与学习方法也从此变得更加多样化和具体化。如今种类繁多的英语学习 APP 和公众号等,开拓互联网场景下英语学习的大空间。

动感英语：让英语学习"活"起来

　　南昌市八一嘉实希望小学地处南昌市东湖区扬子洲镇，属于乡镇小学，现有英语教师 3 名，三位老师在日常工作中兢兢业业，不断完善自身业务水平，挑战不断变革的教学趋势，受到学生的喜爱、家长的支持和领导的认可。基于这一现状，在小学阶段加强学生的英语潜能开发，提高学生对英语学习的兴趣和自主学习的能力是我校课程建设的重中之重。我校基于"活教育"课程理念，现依据教育部《关于深化课程改革，落实立德树人根本任务的意见》、《义务教育英语课程标准 (2011版)》、《普通高中英语课程标准 (2017版)》等文件精神，面对课程改革和不断变化的育人模式的大趋势，我校特此制定"动感英语"学科课程建设方案。

第一节　洲上诗，一叶扁舟向远方

一、学科课程价值观

　　当今世界正处在大发展和大调整的变革时期，呈现出世界多极化和经济全球化以及信息化的发展态势。作为一个和平发展的大国，中国承担着重要的历史使命和国际责任与义务。英语作为全球使用最广泛的语言之一，已经成为国际交往和科技、文化交流的重要工具。学习和使用英语对吸取人类文明成果、借鉴外国先进科学技术、增进中国和世界的相互理解具有重要的作用。在义务教育阶段开设英语课程能够提高我国整体国民素养，培养具有创新能力和跨文化交际能力的人才，为提高国家的国际竞争力和国民的国际交流能力奠定基础。①

---

① 教育部.义务教育英语课程标准[M].北京：北京师范大学出版社,2012.01.

　　基于以上的精神要义，秉持"嘉言懿行　尚德务实"的校训，我校英语课程的学习，在设计上力求乡镇英语教学与新课改、新理念接轨。学生在英语学习的过程中能够用到所学知识技能解决实际生活中的问题。让我们的学生通过英语学习开阔视野，在中西文化对比中，增进对扬子洲地域文化了解，增强文化自信。我们的英语课程建设希望以书本和课堂为基石，以网络、科技为媒介，让学习成为磨砺意志、陶冶情操、拓展视野、丰富生活经历、开发思维能力、发展个性和提高人文素养的过程。

二、学科课程基本理念

　　学习与生活应该是互相融合的，我们追求完整的儿童生活，我校英语学科课程设计以"活教育"课程理念为核心，打破惯常的学科中心体系，课程设计尝试融合我校的地域特色，符合学生身心发展和生活特点，以实际活动让学生在做中学，做中悟，做中求进步。在推进课程的过程中，我们搭乘高速发展的网络快车，建立校本网络图书馆，"我的E嘉"等学习渠道为学生输送海量知识，打破时间、空间、地域的限制，真正做到"生活处处是学习"。

　　基于此，我校英语组的教师们提出以"动感英语"为核心的英语学科课程理念：

　　"动"即活动，我们在课程开展的过程中以螺旋式为主要教学组织形式，开展形式多样的线上线下教学活动。激励学生们通过亲身参与，从而在真实的生活中掌握英语基础知识，体验运用知识的乐趣。教学基于学生已有的基础不断扩大知识面，逐渐加深难度，让学生在获得高质量英语学习的前提下，保持对英语学习的积极性。

　　"感"即影响学生的非智力因素，如需要、兴趣、情感等。我校课程设计紧贴学生当下生活，融合多学科知识，引发学生的非智力活动，这些活动反过来推动他们去认识、学习。在这种情况下提高学生三大能力：自主学习，学会合作，多角度探究知识。让学生逐步养成强烈的求知欲和稳定的学习兴趣以及毅力、信心、抱负，能够自觉地按照要求调解自己的非智力因素及其活动，积极进行智力活动，提高学习效率。[1]

_____

[1] 袁秋菊,胡欣.教育知识与能力考点详解与历年真题解析[M].成都：西南交通大学出版社,2014.01.

"动感英语"是从八一嘉实的沃土上开出的小花，立足我校生源的特点，经过英语组反复的讨论实践，"打牢基础、增长兴趣、迎接挑战"是我校英语课程建设的立足点和落脚点，由此我们设计三大活动模块："悦动英语"、"秀动英语"和"魅影英语"。

"悦动英语"针对"打牢基础"提出，让学生在轻松快乐的环境中感知和掌握英语发音规则，大胆开口，消除对出错的恐惧心理，智能影音的运用确保了动觉和听觉等感官的参与，让学习更加自然顺畅，有利于整体感知英语学习过程，为下一步英语学习做好准备。

"秀动英语"针对"增长兴趣"提出，不同的歌谣有着不同的主题情景，学生在真实的情景中学习、体验英语的内涵，对英语学习进行初步的探究，并与中文学习产生对比，引导学生了解中外文化异同，加深对本土文化的理解，进而拓展国际视野，形成文化交际意识和初步的跨文化交际能力。英语学习不再局限于书本上的内容，而是活泼生动的与学生生活息息相关的学习。我校引进 VR 技术为学生带来了沉浸式学习，便于学生理解、体验、输出。

"魅影英语"针对"迎接挑战"提出，乡镇学生学习英语中最明显的劣势便是张口说英语，许多学生不知道如何用英语确切地表达自己的想法。在进入六年级后，"闭口学英语"现象尤为突出。学生在这一环节讨论、理解、模仿英语电影的内容，深入理解中外语言表达差异，在此基础上，通过学生独立思考，生生合作，教师辅助，使得学生大胆输出，为小升初做好准备，提前为中学阶段英语学习奠定基础。

总之，学生通过一系列的真实的合作活动和沉浸式的场景来发挥自己的最佳水平，以全情参与、大胆表现来创造更多学与用的可能。在扬子洲的沃土上，学生们纵情成长，做一名活泼，自信，笃实的嘉实少年，脚踏坚实的土壤，眺望广阔的远方。

第二节　塔上旗，生活课堂紧环绕

《义务英语课程标准(2011 年版)》中指出，基础教育阶段英语课程的总体目标是: 培养学生的综合语言运用能力, 即语言技能、语言知识、情感态度、学习策略和文化意识五种素养。这五个方面共同促进综合语言运用能力的形成。

　　基于核心素养对学生的不同维度的要求, 我校英语组以学生为本, 提倡学生在做中学, 以达到发展学生综合语言运用能力及其思维能力为指导思想, 创设"动感英语"英语课程建设方案, 在实际教学中能够跟上新课标的要求, 在实施的过程中从语言知识、语言技能、学习策略、文化意识、情感态度和学习策略五个目标来分层实现。

一、学科课程总目标

　　义务教育阶段英语课程各个级别的目标是指学生在语言技能、语言知识、情感态度、学习策略和文化意识五个方面应达到的综合行为表现。

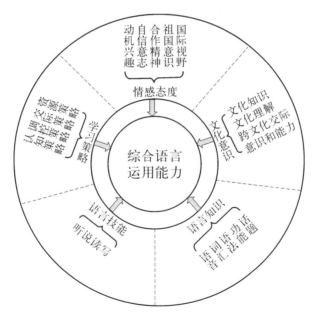

图 6-1-1　"动感英语"课程目标结构图

（一）语言技能

　　语言技能是语言运用能力的重要组成部分, 主要包括听、说、读、写等方面的技能的综合运用。小学阶段学生应达到：能根据指令做事情,能学唱英语儿童歌曲和歌谣 15 到 30 首,能够运用最常用的日常用语进行口头表达,并且做到发音清楚,语调基本达意。能在教师的指导下用英语做游戏并在游戏中进行简单的交际,并且在教师的帮助和图片的提示下描述或讲述简单的小故事。能够看图识词,能模仿范例写句子,并且在书写过程中,正确地使用大小写字母和常用的标点符号。能简单的写出问候语和祝福语,并且能根据图片,词语或例句的提示,写出简短的语句。

(二) 语言知识

学习者在小学义务教育阶段应该学习和掌握的英语语言基础知识包括语音、词汇、语法以及用于表达常见话题和功能的语言形式。小学阶段学生应达到：学生在一至六年级的学习过程中能够正确读出 26 个英文字母,了解简单的拼读规则,了解单词有重音,句子有重读,了解英语语音包括连读、语调、节奏、停顿等的目标。在日常会话中做到语音、语调基本正确、自然、流畅,并根据重音和语调的变化。词汇方面,在知道单词由那些词汇构成的基础上,并能根据单词的音、义、形来学习词汇。初步掌握运用 400 个左右的单词来表达二级规定的相应话题。学习者在语法功能话题方面,达到理解和运用某些语言表达形式来表达和用法。并且在实际运用中体会语法项目的表意功能。理解和运用有关下列功能语言表达形式：问候、介绍、告别、请求、邀请、致谢、道歉、个人情况、家庭与朋友、身体与健康等。

(三) 情感态度

保持学习者积极的学习态度是英语学习成功的关键。学生应达到：在英语学习中,能够体会到英语学习的乐趣。敢于开口,表达中不怕出错误。乐于感知并积极尝试使用英语,积极参与各种课堂学习活动。在小组活动中能与其他同学积极配合和合作。遇到困难时能大胆求助,并且接触外国文化,增强祖国意识。

(四) 学习策略

在英语教学中,教师要有意识地帮助学生形成自己的学习策略。小学阶段学生应达到：积极与他人合作，共同完成学习任务。遇到问题主动向老师或者同学请教。会制定简单的英语学习计划，并且对所学内容能主动复习和归纳。在词语与相应事物之间建立联想。在学习中集中注意力，并且在课堂交流中，注意倾听，积极思考。尝试阅读英语故事及其他英语读物。

(五) 文化意识

　　语言学习与文化意识的形成是相辅相成的。在学习英语的过程中，接触和了解外国文化有益于对英语的理解和使用，有益于加深对中华民族优秀传统文化的认识与热爱，有益于接受属于全人类先进文化的熏陶，有益于培养国际意识。因此，小学阶段学生应达到：知道英语中最简单的称谓语，问候语和告别语。对一般的赞扬请求，道歉等作出适当的反应。知道世界上主要的文娱和体育活动。

　　基础教育阶段英语课程目标的各个级别均以学生语言技能、语言知识、情感态度、学习策略和文化意识五个方面的综合行为表现为基础进行总体描述。以下是本课程一级至二级应达到的综合语言运用能力目标。[①]

二、学科课程年段目标

　　基于以上目标，依托"动感英语"学科课程理念，来逐步实现对语言综合运用能力培养的总目标。我校三到六年级具体分类目标见表6-1-1。

表6-1-1　"动感英语"课程分级目标描述表

年级	语 言 技 能	语 言 知 识	学 习 策 略	情 感 态 度	文 化 意 识
三年级	能听指令做出相关反应。 会做字母操。 能学唱英语韵律诗8到10首。	认识并正确地读出 26 个字母。 了解简单的自然拼读。 正确书写 26 个字母。	保证课堂上专心听讲。 能在教师的引导下积极与他人合作。	对学习英语有兴趣，乐于参与英语课堂的活动。 培养与同伴合作的意识。	熟练运用英语的问候语、称谓和告别用语。 对赞扬、请求、道歉等作出恰当反应。

① 教育部. 义务教育英语课程标准[M]. 北京：北京师范大学出版社,2012.01.

年级	语言技能	语言知识	学习策略	情感态度	文化意识
四年级	能够唱英语歌曲15到20首。能在教师的指导下进行简单的英语口语交际。	了解字母及字母组合在单词中的发音规律。会根据单词的音、义、形来学习词汇。了解英语语音包括连读、停顿等现象。	能够以小组合作的形式完成课堂活动。在课堂交流中，学会注意倾听和思考听讲。	有学习英语的兴趣和信心。享受英语歌曲学习过程，并乐于开口唱。遇到问题能主动请教。	指导世界国家国旗、歌曲，以及节日和体育活动。指导各个国家典型的食物和饮料名称。
五年级	能够简单写出问候语和祝福语；能根据图片或关键词的提示写出简单的语句。能在教师的指导下阅读并理解英语故事。能在教师的指导下表演小故事。	掌握有关五年级话题400个左右的单词及40个左右的短语。理解和正确运用现在进行时和一般将来时。	在课堂交流中注意倾听，积极思考，敢于表达。尝试阅读英语故事及其他英语课外读物。积极运用所学英语进行表达。	保持英语学习的浓厚兴趣，乐于接触英语读物。能在小组活动中积极与他人合作，相互配合，完成任务。	了解西方节日及文化习俗。在学习和日常交际中，注意中西方文化的异同。
六年级	能够熟练写出问候语和祝福语；能根据图片或者关键词的提示写出50个左右单词的短文。能在教师的指导下配音。能表演英语小短剧。	了解并掌握英语语音包括连读、节奏、停顿、语调等现象。掌握有关六年级话题600个左右单词以及50个左右短语。一般过去时的理解和运用。	学习时集中注意力。有意识观察生活中或者媒体中使用的英语。能初步借助简单的工具书或者网络资源学习英语。	在生活中或者媒体上接触英语时，乐于探究其含义并积极模仿。对祖国的文化有更深刻的认识了解。	知道英语国家的首都及重要城市。在学习和日常交际中，主动探索中外文化异同，发展跨文化交际的意识和能力。

第三节　江畔曲，奏响多元教育歌

我校在开设动感英语课程群时，围绕"活教育"理念，从学生年龄特点出发，深挖教材内容,立足扬子洲本土特点,利用网络、科技等智能工具创设真实的活动场景,在互动中引导学生以知识为牵引,以互联网为中介,架起共同探究、合作、成长的桥梁,化被动接受为主动探索。我校课程主要借助"动感课堂","动感探究小组","动感英语展示节"、"动感英语社团"四种方式来实施该理念。

一、"动感英语"课程结构

英语课程的学习,既是学生通过英语学习和实践活动,逐步掌握英语知识和技能,提高语言实际运用能力的过程;又是他们磨砺意志、陶冶情操、拓展视野、丰富生活经历、开发思维能力、发展个性和提高人文素养的过程。[①]

我校英语课程以英语语言知识为基石,利用现代网络教学工具和拓展资源库,在英语课堂上充分运动学生听、说、读、视、听、演、触、嗅、味多重模态的刺激与外部环境的互动,旨在发展学生沟通协作,利用不同学习方法、学习策略自主探究能力,做主动型学习者,最终达到高效英语课堂的目的。故分悦动英语、秀动英语、魅影英语三个板块进行建构。

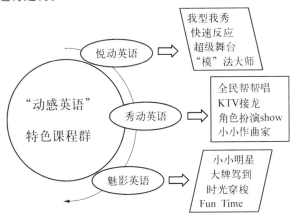

图6-1-2 "动感英语"课程结构图

二、"动感英语"课程设置

通过对课程的重新梳理,针对不同年级的学生,教师通过创设快乐、轻松、和谐

---

① 朱俊松.大学英语教学与大学生的人文素质教育[J].江苏高教,2007,(5):153—154.

的学习氛围,利用听、说、读、写、玩、演、视、听、做等教学手段,充分利用资源和多种教学模式开展不同类别的英语活动项目,引导学生做中学。课程设置及框架见表6-1-2:

表6-1-2 "动感英语"学科课程设置表

年 级	学 期	悦 动 英 语	秀 动 英 语	魅 影 英 语
三年级	上学期	全民帮帮唱 (第一季)	我型我秀 (第一季)	小小明星 (第一季)
	下学期	全民帮帮唱 (第二季)	我型我秀 (第二季)	小小明星 (第二季)
四年级	上学期	KTV 接龙 (第一季)	快速接龙 (第一季)	大牌驾到 (第一季)
	下学期	KTV 接龙 (第二季)	快速接龙 (第二季)	大牌驾到 (第二季)
五年级	上学期	角色扮演秀 (第一季)	超级舞台 (第一季)	Fun Time (第一季)
	下学期	角色扮演秀 (第二季)	超级舞台 (第二季)	Fun Time (第二季)
六年级	上学期	小小作曲家 (第一季)	魔法大师 (第一季)	时光穿梭 (第一季)
	下学期	小小作曲家 (第二季)	魔法大师 (第二季)	时光穿梭 (第二季)

不同年级在完成课程教学后,我校英语组组长、教师根据以下目的表检查教学效果是否达标,及时反馈教学成果,有利于对教师工作判定,教师对本人的后续工作进行改进,提升专业能力,为学生提供更好的教学指导。(见表6-1-3)

表6-1-3 "动感英语"课程设置表

年 级	学 期	课 程 项 目
三年级	上学期	完成全民帮帮唱、我型我秀、小小明星第一部分内容。在教师指导下学生之间进行简单的口语交际。
	下学期	完成全民帮帮唱、我型我秀、小小明星第二部分内容。能在老师设计的英语小游戏中激发学生的专注力。

续　表

年　级	学　期	课　程　项　目
四年级	上学期	完成 KTV 接龙、快速反应、大牌驾到第一部分内容。能在老师创设的情境中主动进行英语口语交际。
	下学期	完成 KTV 接龙、快速反应、大牌驾到第二部分内容。能引导学生自主学习，并尝试对所学内容进行归纳，会根据单词的音、形、义来学习词汇。
五年级	上学期	完成角色扮演 show、超级舞台、Fun time 第一部分，能在老师指导下表演小故事。
	下学期	完成角色扮演 show、超级舞台、Fun time 第二部分，让学生观看全英文动画片，并尝试给动画配音。 积极运用所学英语进行表达和交流。
六年级	上学期	完成小小作曲家、魔法大师、时光穿梭第一部分，能在教师的指导下表演小故事或小短剧。
	下学期	完成小小作曲家、魔法大师、时光穿梭第二部分能在真实的情境中运用英语进行表达和交流。 能根据图片或关键词的提示写出 50 到 60 个单词的短文。 让学生了解中外节日，并感受节日氛围。

第四节　嘉实情，多维打造好课堂

英语课堂程应该是在具体的社会生活情境中进行的，在开设课程时要遵循英语学科工具性、人文性原则，设置切实可行的项目课程，让学生在实际学习活动中学会合作，培养其分析问题、解决问题的能力，在真实的主题情景中引导学生巩固、提升英语基础知识和基本技能。高度发达的互联网应用为课程建设提供了许多可能，为此我校通过"动感课堂""动感探究小组""动感英语展示节""动感英语社团"四方面展开活动。

一、打造"动感课堂"，推进学科课程实施

建设符合我校英语学科实际的"动感课堂"，主要包括基本要求和评价要求两

个方面。

(一)"动感英语"课堂的基本要求

动感英语课堂是"活教育"的践行场所,其具体要求如下:

1. "行是知之始":英语课堂常不是静态的,而是实时的;英语教学也往往不是预设的,而是创生的。故此"动感英语课堂"第一要义是打造生成性课堂,"跳出课本,走向生活"。我校设置了"我型我秀""快速反应""超级舞台""模法大师"四项课程,以学生已有的知识经验为起点,借助希沃云课堂、智能＋教学平台,探究多重学习途径,自主参与的高效立体课堂。

2. "活泼有生机的学生":教学必须关注学生,关注他们的个性,关注他们的情绪和情感生活,每个学生都是不一样的树叶,以学情为教学的灯塔,让学生回归课程中央,成为学习的主人,为此,我们开设了"全民帮帮唱""KTV 接龙""角色扮演show""小小作曲家"四种课程贯彻这一理念。在 VR 技术的助力下,调动学生视觉、听觉、触觉等多重感官共同参与,让学习成为一道飨宴。

3. "手脑并用":英语教学要以技能培养为依据进行教学,杜绝填鸭式教学,以学生为主,以教师为辅,以教学活动为主线,直指学生语言综合能力的培养,以明确教学要求和操作要义,我校英语小组打造"小小明星""大牌驾到""时光穿梭""FUN TIME"四类课程以培养学生的这一能力。

4. "人文促成长":英语教学的根本任务就是"开阔视野、体验文化",一个具有国际视野的学生才能更好地了解我国的灿烂文化,在全球化大发展的环境下发展自身的竞争能力、合作能力、创造能力。学生将日常收获的人文素材上传至"E 嘉电子图书馆",推动互助学习,课堂学习向家庭、社会延伸。

(二)"动感英语"课堂的评价标准

我们从如下几点着手实施和评价"动感英语"课堂:

1. 学生走到课堂的中央:课程实施环节,强调以"动手做"为基础,确立学生在教学活动中的主体性,在教学中鼓励学生去做、去想、去发现,养成良好的英语学习习惯。

2. 多元主题创快乐课堂:在我校创设的"动感英语"品质课堂上,学生在老师的引导下积极学习,乐学善思。真实的场景让英语课程永葆新鲜感,多元的主题涵盖国内外独特的文化知识,在多元文化的碰撞下,激发学生思考的火花,乐于和同伴交流、合作体验更深的英语学习层面。

3. 网络＋打造高效英语课堂: 英语是国际通用语言,也是互联网的通用语言,学生通过互联网可以很容易接触到英语世界,了解说英语国家的情况。在英语教学中,教授知识的方式和途径不再单一,而是走向多元化,教师与学生的关系也由传统意义上的"教学关系"转换为"协作关系"。教师指导学生使用合适的 APP,引导学生学会搜集资料,解决问题,让学生在自主探究中达到 acquire knowledge through using it. (见表 6-1-4、表 6-1-5)

表 6-1-4 "动感英语"课程质量基础评价表

评 级 内 容		评 价 等 级					
		过程性评价				综合性评价	
		A	B	C	D	生评	师评
基础性评价	课堂表现						
	听说方面						
	读写方面						
特色性评价	网络工具应用						
	收集、处理学习资源						
	在线协作解决问题						
终结性评价	口头表达能力						
	语言知识与综合技能						

表 6-1-5 "动感英语"课程质量特色评价表

评价主体	评 价 标 准	评分
教学理念 (5分)	1. 符合新课标的理念,注重培养学生的核心素养。(2分)	
	2. 有开放的教师观和学生观,一切以学生的发展为本,将更多学习的主动权交给学生,鼓励学生善用网络大胆探索,细心求证。(2分)	
	3. 面向全体,张扬个性,使每个学生都能得到相应的发展。(1分)	

评价主体	评　价　标　准	评分
教学目标 (10分)	1. 教学目标的制定符合年段特点以及学生的认知基础,将教学与学生的经验世界相勾连,激活思维。(3分)	
	2. 目标涵盖三个维度,帮助学生在原有基础上得到发展。(2分)	
	3. 各门学科各有所长、各负其责,共同培养多样化的人才。(3分)	
	4. 能根据教学目标的需要,对"动感课堂"进行重组、整合。(2分)	
教学内容 (30分)	1. 正确把握教材,并能创造性地使用教材,根据教学需要,以互联网和在线教育平台为后盾开发课程资源,使教学内容紧跟时代步伐,包含的知识综合化,呈现的方式多元化。(10分)	
	2. 教学内容有层次,有梯度,呈螺旋式上升,在把握基础性知识的基础上注意适度拓展,以学生个人电子资料袋为依据,通过大数据分析,为学生制定个性化学习方案。(10分)	
	3. 根据学生的学习基础、符合学生的发展水平,唤起学生的发展经验,增设有效学习活动和小组任务,使学生主动参与学习。(10分)	
教学过程 (40分)	1. 根据教学内容来创设恰当的教学情境,教学活动设计科学、组织形式灵活多样,以VR技术为辅助,创设沉浸式课堂,引导学生体验并积极地进行思考。(5分)	
	2. 设计统整性的问题、练习有价值的难点内容,线上线下同步探讨,协作解决问题,学生利用手机等工具互助学习,打破时间、空间限制,鼓励学生质疑、创新。(10分)	
	3. 突出学科思维方法,发挥互联网的优势,注重探究,恰当、合理地组织有效的合作学习和互动交流,促进学生的自主学习。(10分)	
	4. 教师能根据课堂教学情况与课堂生成,恰当地进行调整教学预设,以便适应变化、互动的课堂。同时利用录播教室等工具实时录制课堂过程,以便后期的自我反思和教学改进。(10分)	
	5. 在和谐、平等的师生对话的基础上,根据学生的个性发展,促成对话丰富、多维。也可利用App开设英语小树洞,让学生以匿名的方式发表自己想法,消除他们对提建议恐惧感(5分)	

续　表

评价主体	评 价 标 准	评分
教学评价 (5分)	1. 能用激励性的语言评价学生的课堂表现,及时、准确,富于个性化,能够包容、激励学生。同时也可以将学生作业发布在家校平台上,师生可通过虚拟金豆等方式奖励学生,激发学生的学习积极性。(3分)	
	2. 评价方式多样,从尽可能多的角度来满足学生在认知、情感、个性方面的差异。评价主体多样,家校社三方可按照标准对学生进行评价和鼓励。评价渠道多元,课堂评价,线上互评等方式,尽可能体现学生在评价中的主体地位。(2分)	
教学效果 (10分)	1. 学生积极参与学习活动,课堂民主,思维活跃,不断有智慧火花的绽放。(2分)	
	2. 学生的主体性地位得到体现,乐于动脑、动口,动手,感受到学习的快乐。(3分)	
	3. 学生学会利用多种学习手段学习、得到发展,并能促进教学相长。(5分)	
教师建议		
同学建议		

二、组织"动感探究小组",培养合作学习意识

(一)"动感探究小组"的基本要求

　　合作学习能激励学生发挥出自己的最高水平。在传统学习中,一个学生的成功往往会给别的学生造成压力,导致他们信心不足。而在合作学习中如果学生们朝着一个共同的目标一起工作的话,有助于整个团体取得成功,从而使每个成员都能体验到成功的喜悦和荣誉。

　　1. 掌握学情,调动每位学生合作意向。基于农村学校这一特点,我校深入研究不同学生的特点,按照能力和学习成绩,将不同层次的学生组成能力相仿的多个小组,在小组内每位学生都能发挥自己的特长,共同体验合作的乐趣,共同进步成长。

2. 构建新的合作模式,培养学生小组合作的习惯。英语作为交际工具,"开口讲,大胆用"是最基本的要求。在"动感探究小组"合作中杜绝过去优生带后进生的"伪合作学习",我们要的不是"合作讲授",我们追求的是每位学生在项目合作中独立思考自己负责的任务,在与同伴的交流中学得更多的语言知识,相互促进,增强学生们的自信心,大胆开口,借助小组的力量和评价机制的促进作用,做一名敢开口、爱开口学英语的学生。在合作中获得集体荣誉感,自觉为班级奉献,树立正确的交际观。"一个都不能少",面向全体学生的小组活动才是有效的课程活动。

3. 普及小组合作原则,确保小组活动有序开展。我校规定小组开展活动要遵从如下原则:合作交流性原则,互助性原则,实效性原则,渐进性原则,全员性原则。使得八一嘉实的学生们学会交往,增强责任心,提高合群性能力,培养合作精神;学会正确地认识自己和恰当评价别人,在相互交往中沟通、理解和包容,表现出尊重和信任,懂得分享成果,学会多边互助,从而提高教学的整体效益,有利于学生协作精神的培养和提升。①

(二)"动感探究小组"的评价要求

评价需根据课程的具体内容和环节来选择。

1. 简单的知识学习或概括应以自主探究为主。将学生在日常学习过程中有无进行有效的团队合作作为评价标准,分为"有效积极合作"、"积极合作"、"有合作意识"三个评价标准。

2. 对学生的评价既涉及自主探究还要考虑合作探究相结合。评价学生的成长过程中有两个考核点:一方面观察学生有没有在接到学习任务或是英语活动中体现了独立思考解决问题的能力,另一方面考察学生有没有通过良好的、分工明确的小组合作、相互检验自主探究的成果,互帮互助完成探究,达到"兵助兵"的效果,培养团队合作精神。我校设计了小组合作学习表和组内学生自评表,如表6-1-6、表6-1-7所示:

---

① 傅永曙.小组合作学习教学论[M].合肥:安徽科学技术出版社,2007.12

表6-1-6　"动感英语"课程合作学习评价表

小组名称				
活动起止时间		指导老师		
组长所做组织工作	1. 组长能积极地为小组服务。	自评	互评	师评
	2. 能平均、合理地分配任务。			
	3. 能做好材料的收集、整理工作。			
小组合作情况	1. 每个成员都能积极地参与小组活动。			
	2. 每个成员都有自己明确的任务，并能认真地完成任务。			
	3. 小组成员间能认真倾听，互助互学。			
	4. 小组合作氛围愉快，合作效果好。			
小组活动中遇到哪些困难,怎样克服(要求填写具体的事情和详细的解决办法)?				
小组活动中谁在观察、记录、分析、讨论、总结哪些方面表现最突出,他(她)的具体表现有哪些?				
小组活动中存在哪些不足(比如,观察、记录、分析等),怎样改进?				
小组成员签名：				

表6-1-7　"动感英语"课程组内学生自评表

	评　价　内　容	自评	互评	师评
参与态度	1. 认真参加每一次活动,在每一次活动中始终保持深厚的兴趣。	☆	☆	☆
	2. 我能积极学习网络知识、多元文化,能利用各种交流介与他人进行交流。	☆	☆	☆

评　价　内　容		自评	互评	师评
参与态度	3. 我能发挥自身的优势为小组提供必不可少的帮助,努力完成自己承担的任务。	☆	☆	☆
协作精神	4. 我能积极配合小组开展活动,服从安排。	☆	☆	☆
	5. 我能积极地与组内、组间成员交互讨论,能完整、清晰地表达想法,尊重他人的意见和成果。	☆	☆	☆
	6. 在活动中,我和大家能互相学习和帮助,促进共同进步。	☆	☆	☆
创新和实践	7. 我有浓厚的好奇心和探索欲望。	☆	☆	☆
	8. 在小组遇到问题时,我能提出合理的解决方法。	☆	☆	☆
	9. 活动中,我能发挥个性特长,施展才能。	☆	☆	☆
能力提高	10. 在活动中,我能运用多种渠道收集信息。	☆	☆	☆
	11. 我在活动中遇到问题不退缩,并能自己想办法解决。	☆	☆	☆
	12. 我与他人交往的能力提高了。	☆	☆	☆
总体体会	我的收获是: 我的感受是: 我还需努力的是:			

(评价标准：A 等,五颗☆;B 等,四颗☆;C 等,3 颗☆;D 等,二颗☆以下)

三、设立"动感英语展示节",激发学生英语学习兴趣

(一)"动感英语展示节"的实践操作

　　结合英语学科的跨文化意识的培养,我校将结合中西方文化点来开展不同性质的派对节。每周我们都进行了大量的英语歌谣学习和英语电影片段学习,在月末的时候,学生在课余时间和同伴进行交流合作,打造自己的节目,在节目展示的

过程中体现中西方文化的不同,开拓学生的国际视野和爱国意识。

（二）"动感英语展示节"的评价要求

　　老师准备好各种奖项,在学生表演完毕后,进行不记名投票,选出最受学生欢迎的节目,此外还设置进步奖,语音标准等各个奖项,鼓励学生的表演活动。

四、建立"动感英语社团",享受英语学习的快乐

（一）"动感英语社团"的类别与实施

　　三年级成立"绿芽英语社团",学生在社团中的主要活动以初步接触英语歌曲和影视片段为主要内容。

　　四年级成立"花样青春英语社团",学生在社团中的活动以不同的主题开展,在月末派对的活动上对学生学习情况进行检验。

　　五年级成立"雏鹰翱翔英语社团",学生在社团中的活动主题开始由学生自主构思,在此基础上开展英语社团活动。

　　六年级成立"明日之子英语社团",头脑风暴将取代活动主题,学生在团队合作,自主创新的基础上对学习内容进行再加工,在月末的时候开展汇报演出。

表 6-1-8　"动感英语"社团活动实施评价表

评价类型	评价类别	评 价 标 准	评 分
定量评价	表演 (100 分)	三年级、四年级：模仿＋展示(40%＋60%)。	
		五年级、六年级：合作编排＋展示(30%＋70%)。	
	语用情况 (5 分)	熟练朗读或脱稿。(1 分)	
		语音,语调正确,节奏感较强。(2 分)	
		吐字清晰,表情自然。(2 分)	
	口语交际 (5 分)	语音,语调正确。(1 分)	
		吐字清晰表情自然肢体语言形象、生动。(2 分)	
		能恰当地运用语言材料,在虚拟情景中进行交流,语言流畅。(2 分)	

续　表

评价类型	评价类别	评　价　标　准	评　分
定性评价	语言表达 (5分)	语音,语调正确。(1分)	
		在展示的时候吐字清晰表情自然肢体语言形象、生动。(2分)	
		能恰当地运用语言材料,在虚拟的情景中进行交流,语言流畅。(2分)	
	情感态度 (5分)	积极参与平时学习中的提问,回答,交流,讨论。(1分)	
		大胆回答问题,自觉遵守纪律。(2分)	
		认真作业,包括听,说,读,写。(2分)	
综合性 评价	成果展示 (20分)	英语随笔、合作报告等。	
		手工、竞赛、汇报、图片、视频。	

(二)"动感英语社团"的评价要求

以百分制按比例对社团活动进行评价。学生参与课程学习的兴趣,学生在课程学习过程中表现出的情感、态度、价值观占 30 分;学生在作品展示,表演汇报的过程中所展示的内容占 50 分;团队的进步,学生独立思考的能力占 20 分。(见表 6-1-9)

表 6-1-9 "动感英语"社团活动课后评价表

评 价 类 别	教师点评 (等级 A/B/C 及评语)	社团互评 (等级 A/B/C 及评语)	社团自评 (等级 A/B/C 及评语)
参与兴趣 (20分)			
情感、态度、价值观 (50分)			
团队进步个人思考 (20分)			

五、"动感英语"课程的具体实施和评价

（一）"动感英语"课程的具体实施

结合专注、合作、创新、交际这四种能力的培养，我们把课程分为"悦动英语"、"秀动英语"、"魅影英语"这三个板块，下面根据这三个板块所设的课程来介绍下具体的实施过程：

1. 秀动英语

这一板块涵盖了，全民帮帮唱、KTV 接龙、角色扮演 show、小小作曲家四种类型的课程。在课程结束后，学生应该能够改编小幅度的英语语篇，结合自身实情进行再创造。活动设计如下：

全民帮帮唱　三年级是英语初始阶段，此时学生对英语学习的兴趣是最为高涨的，教师利用音乐和动作打开学生的感官，在课堂上以动作和歌曲相结合。例如：在进行"weather"主题歌曲教唱时，利用 web 和多媒体联结，打造"高密度""快节奏"课堂，通过声音、文字、动作一体化使得英语课堂立体化、具象化，降低学习的枯燥性，提升学生学习的积极性。

KTV 接龙　教师在课堂的前 15 分钟教授简单有趣的歌曲，拓宽学生的课外词汇量，再给学生一定的时间消化歌曲，以小组合作的形式表演所学歌曲，例如在表演"How is the weather?"时，可以利用多媒体录音评分系统供教师和学生自主评判，及时获得反馈，利于学生后期提升。

角色扮演 show　教师选取儿童音乐剧的片段，学生在指导下分角色进行表演开展比赛活动。如在表演音乐剧《The Sound of Music》时，教师在多媒体上准备音频、活动方案资料库，以供学习选择合适的场景和工具，开展多元化小组活动。在小组表演结束后，可将手机录制的现场活动视频上传到云端，与原版电影片段对比，同时也可以供学生制作小视频相互交流学习，留住学习过程中的美好时光。

小小作曲家　常规课堂上，学生每个单元学习了一定的知识，教师提示作曲方向，学生利用互联网，手机 App"音乐剪裁师"，在教师辅助，生生合作下将所学的知识变成歌谣或者小歌曲，在开发的过程中不仅可以很好的记住所学内容，还锻炼了学生分工合作和动手能力。

2. 悦动英语

这一板块设置了我型我秀、快速接龙、超级舞台、魔法大师四类课型，学生通过"脑体并用"在课程结束后能够掌握新词汇、句型，加强对英语的敏感度。具体实施如下：

快速接龙　以开火车的形式让学生接龙单词，不仅可再次记忆课堂的单词，也可拓宽更多的新单词。除了常规活动外，教师还可以利用软件制作开单机 PK 火车小游戏，激发学生学习热情和竞争意识，同时可以考验学生对词汇的敏感度，调动其影像动觉，提高单词学习效率。

我型我秀　四年级学生有了一定的知识积累，可以开展难度高点的活动，此时更多的重点放在语言输出上，根据不同的主题，学生在"E嘉电子图书馆"上查阅相关参考资料、视频影音，预先准备模仿的内容。教师对每位学生采用相应的评价方法，并做成私密评价档案袋，提供及时学习反馈，帮助学生自我反思、提高。

超级舞台　把课文的对话内容用角色扮演的形式表演出来，利用阿里云教育和希沃软件作为资料库，引导学生在其能力范围内进行整合再创造，并分享至大众网络平台，在学习的过程中收获知识成果，体验成功的喜悦，为自主探究学习奠定基础。

"模"法大师　将学生的日常作业和其他任务作为拓展对象，让学生自主合作，发现平常容易出的错误，用不同颜色的记号笔修改内容，上台展示成果。利用家校平台制作"绿芽成长袋"，为每位学生量身定制个性化学习档案袋，内容随着年级逐步丰富，真实记录学生的成长历程和学习走向，有利于家长了解学生在校各方面的成长动向，预测学生之后的表现，不断调整相应的教学方式。使得家校社构成教育合力，推动学生的长远发展。

3. 魅影英语

这一版块包括小小明星、大牌驾到、Fun Time、时光穿梭四种课程，在课程结束后，学生通过小组活动能做出一定的成果，并拓展思路，大胆表演。具体内容如下：

小小明星　电影明星是学生喜欢的对象，学生观摩片段并进行角色扮演，在模仿的同时练习了口语和交际能力。该类型课程60％内容由学生自主准备，"嘉实班级星"让学生在课后与同学在线探讨、合作成为易事。教师为学生提供英语配音软件,方便学生随时对比,调整自己的语音、语调,掌握规范的发音。

大牌驾到 该环节主要分析所学角色的语言、表达的心理和神情动作等以及文化背景,帮助学生扫除语言理解上的障碍,认识中西方文化背景上的差异,学习真正地道的英文。由一个单词,到一个词组,再到整个句子,力求发音准确。语调、语速的模仿是最困难的,必须结合动作和神态,体会人物的心理,配音要看着画面,对上口型,配上流利地道的英语,记台词,调节语速。利用多媒体渲染课堂气氛,使平淡的学习过程变得更加鲜活立体。表演完后师生发表感想,课后教师通过群共享上传视频供生课后反思课堂表现,扬长避短。

Fun Time 将喜剧电影作为学习的片段,让学生模仿并加入猜想,补上接下来的剧情发展,这有利于发展学生的合作能力和思维能力。在亲身操作的过程中,学生通过思考主动掌握重难点,确保了课堂的高效性。教师通过录播教室即时上传学生活动,利用"东湖八一嘉实小学"公众号展示学生活动精彩瞬间,激发学生参与热情,沟通家校联系,将我校理念由校内推广到校外。

时光穿梭 将老电影或历史相关的电影作为学习对象,通过模仿表演给学生营造生活的情景、教育的氛围,在既定的语言环境中,潜移默化地渗透了爱国爱家、尊老爱幼的传统美德,同时也很好地激发学生学习英语的激情和兴趣。通过英语童话剧和情景剧作为儿童锻炼口语和表达能力的途径,学生在不知不觉中练习了口语。① 例如,在学习"Festival"这一主题时,教师可以引导学生将所学知识用美拍制作"记忆走廊"整合课堂内容,拓展知识点,学生浏览其他同学的手机制作获得更多的灵感启发,有利于他们用多角度看问题。

(二)"动感英语"课程的具体评价

除此之外,为了更好地调动学生主动学习和大胆表现的积极性我们制定了如下三种评价机制,用以更好地对学生个人、活动团体和课程整体进行监督评价。(见表6-1-10)

---

① 王于文.小学英语戏剧课程的开发和实践①[J].读天下,2018,(7)

表 6-1-10 "动感英语"课程学生上课表现具体评价表

评价内容	评价标准与等级
全民帮帮唱、KTV 接龙、角色扮演 show、小小作曲家	1. 根据比赛成绩分为一、二、三等奖,分别获得三、二、一张积分券。 2. 获一等奖的为 A 3. 获二等奖的为 B 4. 获三等奖的为 C、D
我型我秀、快速接龙、超级舞台、魔法大师	1. 按小组活动为准。小组活动综合完成度高的评 A 2. 小组合作表现普通的,评 B 3. 小组合作表现欠佳的,评 C 4. 基本没有完成的评 D(积分券分别为 4、3、2、1 张)
小小明星、大牌驾到、Fun Time、时光穿梭	1. 每月积极协作,参与策划,认真准备,精心设计,评 A 2. 积极准备,内容还不够丰富,流程有待完善,评 B 3. 消极怠工,应付了事的,评 C、D(积分券分别为 4、3、2、1 张)

　　在"动感英语"课程建设的工作中,我们清楚地意识到现代化信息技术给教学领域带来了巨大的变革,教师和学生在教学中的角色有了新的诠释,学生不仅是学习的主体,也是掌握新型学习工具、自主学习、合作学习的主体,而教师逐渐转变为学生的引导者。"动感英语"课程理念是我校英语教师的共同教学追求。我们通过"动感英语"课堂和"动感英语"项目多途径开发课堂活动,以"让学生在生活中相互学习,感受新时代英语学习魅力"为号召,为八一嘉实英语课程赋予科技气息和鲜活的生命力。培养学生学会思考、勤动手、愿合作、爱生活的积极个人品格,构建和谐的师生关系,紧跟时代脉搏是我校课程建设不懈的追求。路漫漫其修远兮,吾将上下而求索,八一嘉实希望小学英语课程建设永远在路上。

（撰稿人：洪　璐）

声动英语：让学习生动起来的英语课程

扬子洲学校小学部从三年级起开设英语课程，现有专业英语教师3人。扬子洲学校英语教研组，秉持"面向全体学生，重视语言学习的实践性和应用性"的英语课程理念，充分发挥团队合力。随着互联网技术的发展，英语课程与现代信息技术的整合有了质的飞跃。以网络和多媒体为核心的信息技术大大改善了英语课堂的教学环境。教研组致力从学生的学习兴趣出发，尊重学生的个人体验，让学生通过感知、体验、实践、参与和合作等方式，结合现代信息技术，实现语言任务的目标，感受成功。

第一节　顺性生长，在声韵和律动中发展语言

一、学科课程价值

英语课程的学习，既是学生通过英语学习和活动逐步掌握英语知识和技能，提高语言实际能力的过程，又是他们磨炼意志，陶冶情操，拓展视野，丰富生活经历，开发思维能力，发展个性和提高人文素质的过程。

社会生活的信息化和经济的全球化，使英语的重要性日益突出。英语作为最重要的信息载体之一，已成为人类生活各个领域中使用最广泛的语言。[1] 许多国家在基础教育发展战略中，都把英语教育作为公民素质教育的重要组成部分，并将其摆在突出的地位。因此，我们必须要学习英语，学习世界上的先进技术和理念来提高自己，发展自己。英语作为基础教育阶段的重要必修课，是学生升学和未来生

---

[1] 陆金芳.构建网络式英语校本课程体系[J].中学文科(教研论坛),2006,(9)：52—53.

存发展的需要,也是提高公民英语素质的需要。

二、学科课程理念

　　任何语言的学习,都是从声音开始的。我校英语学科课程在不断的教学实践中,体悟到儿童的发展都是蓬勃向上的,儿童学英语应顺其身心发展规律,让他们在快乐中学习英语,在声乐中学习英语。学生全神贯注地进行唱演活动,沉醉于各类活动之中,是学习生活中的一种十分美好的景象。基于此,我们提出以"声动英语"为核心的英语学科课程理念。借助现代教育信息技术,在课程标准要求的基础上重点培养学生的听、说、唱的能力,激发学生学英语的兴趣,在词汇和话语积累的基础上加强阅读、故事表演和片段配音的训练,拓展学生的视野,让学生体会学习外语的乐趣。为学生语言的终身发展打下扎实的基础。

(一) 声韵 Voice

　　悦耳动听的歌谣、妙趣横生的故事、生动活泼的动画视频等视听形式提供地道的语言环境,充分调动学生情感、兴趣、态度等因素,促进学生语言技能的发展。教师运用多种教育资源,利用各种现代技术软件,创设纯正的英语视听环境,让学生沉浸其中,理解语言,内化语言,习得语言。

(二) 律动 Action

　　针对学生身心发展特点,教师在教学中通过创设趣味十足又贴近生活的英语活动,启发、引导学生积极广泛地追寻有价值有意义的语言学习。让学生通过多种活动将所学英语知识运用起来,提高英语素养,感受学习成果,获得成功体验,从而发展智力和塑造品格。

　　"声动英语"是以"声"为先的英语。在英语课程中,让学生们在原汁原味的外语视听环境下聆听原声,感受英语语句的重音、连读,语调的高低起伏,逐步形成良好的英语语感和语音面貌。

　　"声动英语"是以"动"为要的英语。灵活的互动、多样的活动,引导学生们在课上、课下都参与进来,在学习英语的过程中欣赏、感受与理解语言,进而学会使用英语表达思想、展示风采。

"声动英语"是以"人"为本的英语。学科的本质是人、是学生。以学生兴趣为本,从学生的兴趣和经验出发,教学内容贴近学生生活实际,及时关注不同年龄段的英语学习需求,做好学段间的衔接,为学生语言的终身发展打下扎实的基础。

总之,"声动英语"课程要求教师要顺应儿童天性,利用丰富的教育资源、现代信息技术灵活的互动形式、有效的评价机制来点亮课堂,让英语学习"声动起来",让学生在愉快的活动体验中落实学习目标,学习语言,锻炼思维,形成自信、乐观、向上的品格。

第二节　扬子之长,依托课标制定培育方向

一、学科课程总体目标

《义务教育英语课程标准(2011 版)》指出,义务教育阶段英语课程的总体目标是: 通过英语学习使学生行成初步的综合语言运用能力,促进心智发展,提高综合人文素养。课程总目标还从学生的语言技能、语言知识、情感态度、学习策略和文化意识等方面进一步阐述了英语课程工具性与人文性紧密结合的特征。我校英语组以学生为本,创设"声动英语"课程,来培养学生的综合语言运用能力,即从语言知识、语言技能、学习策略、文化意识和情感态度五个目标来分层实现。

(一) 语言技能

语言技能是语言运用能力的重要组成部分,主要包括听、说、读、写等方面的技能的综合运用。小学阶段学生应达到: 能根据指令做事情,能学唱英语儿童歌曲和歌谣 15 到 30 首,能够运用最常用的日常用语进行口头表达,并且做到发音清楚,语调基本达意。能在教师的指导下用英语做游戏并在游戏中进行简单的交际,并且在教师的帮助和图片的提示下描述或讲述简单的小故事。能够看图识词,能模仿范例写句子,并且在书写过程中,正确地使用大小写字母和常用的标点符号。能简单地写出问候语和祝福语,并且能根据图片,词语或例句的提示,写出简短的

语句。在课堂上每周 20 到 25 分钟的视听基础上，在教师的帮助下表演小故事或小短剧。

(二) 语言知识

　　学习者在小学义务教育阶段应该学习和掌握的英语语言基础知识包括语音、词汇、语法以及用于表达常见话题和功能的语言形式。小学阶段学生应达到：学生在三至六年级的学习过程中能够正确读出 26 个英文字母，了解简单的拼读规则，了解单词有重音，句子有重读，了解英语语音包括连读、语调、节奏、停顿等。在日常会话中做到音、语调基本正确、自然、流畅，并有重音和语调的变化。词汇方面，在知道单词由哪些词汇构成的基础上，并能根据单词的音、义、形来学习词汇。初步掌握运用 400 个左右的单词来表达二级规定的相应话题。学习者在语法功能结构方面，达到理解和运用某些语言表达形式来表达，并且在实际运用中体会语法项目的表意功能。理解和运用有关下列功能语言表法形式：问候、介绍、告别、请求、邀请、致谢、道歉、个人情况、家庭与朋友、身体与健康等。

(三) 情感态度

　　保持学习者积极地学习态度是英语学习成功的关键。教师应在教学中不激发并强化学生的学习兴趣。小学阶段学生应达到：在英语学习中，能够体会到英语学习的乐趣。敢于开口，表达中不怕出错误。乐于感知并积极尝试使用英语，积极参与各种课堂学习活动。在小组活动中能与其他同学积极配合和合作。遇到困难时能大胆求助，并且接触外国文化，增强祖国意识。

(四) 学习策路

　　在英语教学中，教师要有意识地帮助学生形成自己的学习策略。小学阶段学生应达到：积极与他人合作，共同完成学习任务。遇到问题主动向老师或者同学请教。会制定简单的英语学习计划，并且对所学内容能主动复习和归纳。在词语与相应事物之间建立联想。在学习中集中注意力，并且在课堂交流中，注意倾听，积极思考，尝试阅读英语故事及其他英语读物。积极运用所学英语进行表达和交流,注意观察生活中使用的简单英语,并能初步借助简单的工具书学习英语。

(五) 文化意识

语言学习与文化意识的形成是相辅相成的。小学阶段学生应达到:知道英语中最简单的称谓语,问候语和告别语。对一般的赞扬、请求,道歉等作出适当的反应。知道世界上主要的文娱和体育活动。知道英语国家中典型的食品和饮料的名称。知道主要英语国家的首都、国旗、重要标志物等。了解英语国家中的重要节日。最终使学习者在日常的学习生活中,能初步理解中外文化差异,并在跨文化交际中增强爱国主义情感。①

二、学科课程年段目标

基于以上目标,依托"声动英语"学科课程理念,确立我校英语课程体系目标,来逐步实现对语言综合运用能力培养的总目标。我校三至六年级具体分类目标见下表:

表 6 - 2 - 1 "声动英语"课程年段目标表

年级	语 言 技 能	语 言 知 识	学 习 策 略	情 感 态 度	文 化 意 识
三年级	1. 能听指令做出相关反应。 2. 会做字母操。 3. 能学唱英语韵律诗 8 到 10 首。	1. 认识并正确地读出 26 个字母。 2. 了解简单的自然拼读。 3. 正确书写 26 个字母。	1. 课堂上专心听讲。 2. 能在教师的引导下积极与他人合作。	1. 对学习英语有兴趣,乐于参与英语课堂的活动。 2. 培养与同伴合作的意识。	1. 熟练运用英语的问候语、称谓和告别用语。 2. 对赞扬、请求、道歉等作出恰当反应。

---

① 教育部.义务教育英语课程标准[M].北京:北京师范大学出版社,2012.01.

续　表

年级	语言技能	语言知识	学习策略	情感态度	文化意识
四年级	1. 能够唱英语歌曲 15 到 20 首。 2. 能在教师的指导下进行简单的英语口语交际。	1. 了解字母及字母组合在单词中的发音规律。 2. 会根据单词的音、义、形来学习词汇。 3. 了解英语语音包括连读、停顿等现象。	1. 能够以小组合作的形式完成课堂活动。 2. 在课堂交流中，学会注意倾听和思考听讲。	1. 有学习英语的兴趣和信心。 2. 享受英语歌曲学习过程，并乐于开口唱。 3. 遇到问题能主动请教。	1. 指导主要国家国旗、首都、动物、节日和体育活动等。 2. 指导各个国家典型的食物和节日等。
五年级	1. 能够简单写出问候语和祝福语；能根据提示写出简单的语句。 2. 能在教师指导下阅读理解英语故事。 3. 能在教师的指导下表演小故事。	1. 掌握有关五年级话题 400 左右的单词及 40 左右的短语。 2. 理解和正确运用现在进行时和一般将来时。	1. 在课堂交流中注意倾听，积极思考，敢于表达。 2. 尝试阅读英语故事及其他英语课外读物。 3. 积极运用所学英语进行表达。	1. 保持英语学习的浓厚兴趣，乐于接触英语读物。 2. 能在小组活动中积极与他人合作，相互配合，完成任务。	1. 了解西方节日及文化习俗。 2. 在学习和日常交际中，了解中西方文化的异同。
六年级	1. 能够熟练写出问候语和祝福语；能根据图文提示写出 50 个左右单词的短文。 2. 能在教师的指导下配音。 3. 能表演英语小短剧。	1. 了解并掌握英语语音包括连读、节奏、停顿、语调等现象。 2. 掌握有关六年级话题和 600 左右单词。 3. 一般过去时的理解和运用。	1. 学习时集中注意力。 2. 有意识观察生活中或者媒体中使用的英语。 3. 能初步借助简单的工具书或者网络资源学习英语。	1. 在生活中或者媒体上接触英语时，乐于探究其含义并积极模仿。 2. 对祖国的文化有更深刻的认识了解。	1. 知道英语国家的首都及重要城市。 2. 在学习和日常交际中，主动探索中外文化异同，发展跨文化交际的意识和能力。

第三节　点石成金，建构多模态生动课程

　　我校在开设声动英语课程时，基于现代信息技术与英语学科结合的教育理念，考虑到学生的兴趣及需求，我们注重拓展丰富的课程资源，通过多种课程形式，落实英语核心素养。英语教学与信息技术相结合，突破了传统教学方式中封闭式的、固定不变的、预先确定的课程体系，为学生提供了开放性的、全方位的学习资源。学生在学习模式以及获取信息的方式上得到了更深层次的优化，可以按照自己的兴趣、爱好和特长对学习内容进行选择，用新的技术与手段方法来形成良好的关键能力和必备品格。为了使英语课堂教学更好地迎合信息化时代的发展趋势，我校英语组一定要保持校内与校外教学资源的畅通，建立动态发展的教学资源流动体系，最大限度地实现教学内容的灵活性与丰富性，使英语课堂可以长期保持较强的生命力。[①] 我校英语课程主要借助自主互助课堂、增趣树信社团、品质文化节活动这三种方式实施。

一、学科课程结构

　　依据英语课程改革的重点，从学生的学习兴趣出发，倡导体验、参与、合作与交流的方式和任务型的教学途径，逐步发展学生的综合语言运用能力。我校英语课程从学习实践出发，分为声韵英语和律动英语两个板块进行建构。声韵英语包含韵律小诗、自然拼读、超级词霸、美音英韵、绘本听读、Story time、趣玩动漫、动画配音等学习内容。律动英语包含书写 ABC、趣味字母操、书写达人、校园歌手、绘本制作、Play time、最佳拍档、动画剧场等形式。

二、学科课程设置

　　通过对课程的重新梳理，我们在原有基础上，对校本英语课程进行了系统开

---

① 曲慧.信息技术与英语课程教学整合实践[J].新课程(中学),2017,(2)：117.

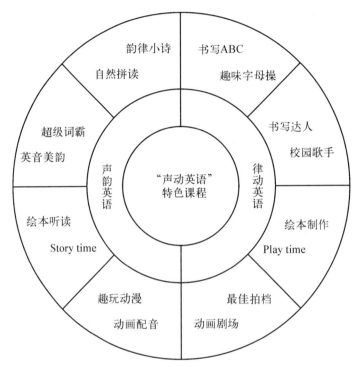

图6-2-1 "声动英语"特色课程结构表

发。教师通过创设英语学习氛围，加强英语的实用性，让英语走进学生们的实际生活。课程设置及框架表如下：

表6-2-2 "声动英语"课程学科课程设置表

课程类别 学年(学期)		声韵英语	律动英语
三年级	上学期	韵律小诗	写写ABC
	下学期	自然拼读	趣味字母操
四年级	上学期	超级词霸	书写达人
	下学期	美音英韵	校园歌手
五年级	上学期	绘本听读	绘本制作
	下学期	Story time	Play time

续　表

课程类别 学年(学期)		声 韵 英 语	律 动 英 语
六年级	上学期	趣玩动漫	最佳拍档
	下学期	动画配音	动画剧场

第四节　与时俱进,借助技术促进学习方式变革

课程实施分为必修课与选修课,其中必修课以嵌入式课堂实施,选修课主要以社团形式实施。小学英语学科通过构建"声动课堂"、举办"声动英语节"、打造"声动社团"、实施"声动英语"课程等多种路径推进课程实施。依据学情,由浅入深,分年级实施。

一、打造"声动课堂",奠定乐学之基

将英语教学与信息技术相结合,关键在于实践,教学重点在于应用,对传统英语课堂的教学方式进行改良与优化,实现师生双向互动式教学,结合专业的英语教学软件对英语课堂教学实践进行指导,帮助学生提高自学能力,实现自主学习。[①]目前我校在各班均已安装现代化教学设备,对每位教师均已培训"班班通"教学媒介的使用方法,并推广使用赣教云平台、希沃教学助手等专业教学软件,提高课堂教学的质量,也吸引了学生的学习兴趣、提高学习效率。

(一)"声动课堂"的基本要求

"声动课堂"是目标切实、内容广阔、过程灵动、方法多样的课堂。

1. 目标切实。学习目标的确立应真正地以学生为主体,基于学生学习需要、学习内容和学生特征分析,让学生获得新知识、能对英语语言学习有兴趣、能了解

---

① 李芳芳.情境教学法在高职英语口语教学中的应用研究[J].齐齐哈尔师范高等专科学校学报,2016,(6)：145—146.

语言文字背后的文化。总而言之,学习目标必须能让学生经过一系列的学习活动达到可测量的效果。

2. 内容广阔。生活有多么广阔,英语就有多么广阔。因其学科的特殊性,英语学科可利用资源俯拾皆是。"声动课堂"把日常生活各方面的资料引进课堂,丰富课堂内容,通过互联网资源、云平台等创新课堂形式。每节课的学习内容应体现英语知识与生活的融通、迁移,体现学生在本节课后所需要获取的英语学科核心素养,体现心灵与生命的成长。

3. 过程灵动。教师认真钻研教材,正确理解、把握教材内容,创造性地使用教材;积极开发、合理利用课程资源,灵活运用多种教学策略和现代教育技术,努力探索网络环境下新的教学方式;精心设计和组织教学活动,重视启发式、讨论式教学,启迪学生智慧,提高英语课堂质量。[①]

4. 方法多样。"声动课堂"不是模式化和一成不变的。教师根据学生在课堂上学习表现和学习效果变化来调整教学方法,充分调动学生的主动性、积极性。"声动课堂"学习内容选取贴近学生生活的话题进行讨论。教学有法,教无定法。"声动课堂"以灵活多变的教学设计和教学智慧滋养学生心灵,促进智慧成长。

(二)"声动英语"课堂的实施

构建"声动英语"课堂,让英语课堂由重讲授、重做题、重结果向重活动、重生活、重能力改变。而这些改变需要多方面的努力与实施。具体而言:

1. 开展集体备课,运用现代化手段推进校本教研。学科组长带领学科教师定期进行集体备课活动,在集体备课中,教师们切磋信息技术与英语教学的深度融合,运用多种信息技术手段辅助教研、辅助教学,教师们在新的形势下集合众长,推进学校校本教研。在课堂教学中,充分利用现代教育技术资源,始终以"声动课堂"为核心,开展不同形式、不同主题的拓展英语课,在不断实践、反思中提升课堂品质。我校在集体备课中经常使用的是希沃教学助手、赣教云平台中的教案、课件、各类视频和游戏等,还有绿圃教学资源网中也有很多习题练习等,优酷网等多个视

---

① 申晓辉,赵翠明.小学语文课程标准与教学[M].苏州:苏州大学出版社,2015.09.

频网站的素材经常用于课程教学的导入部分。

2. 彰显我校英语课堂主张。建设符合我校英语学科实际的"声动课堂",主要包括以下两个方面的要求。一是注重 Voice 教学,体现声音输入对学生发展的价值。如：韵律小诗、美音英韵、绘本听读等课程让学生体验英语学习的乐趣,不知不觉丰富语感,开阔视野。我校在课堂教学中经常使用 songbird 丽声拼读故事会,此教学软件在语音知识和拼读技巧上比较完善,在绘本教学的基础上不断强化语音的拼读技巧,吸引了学生的学习兴趣,彰显了我校"声动英语"的特色。二是强调 Action 教学,体现动作输出对学生发展的作用。课堂教学中教师通过创设趣味十足又贴近生活的活动,配上有韵律的背景声音,如：趣味字母操、校园歌手、play time、动画剧场等课程设置,让学生在活动中沟通、合作、处理问题,发现自己在英语学习中的乐趣,让学生运用所学知识,在活动中发展智力和品格。

3. 促进学习方式变革。传统的学习方式过分甚至仅仅强调书本知识的学习,突出背单词和记语法,忽视了学生的社会语言实践,结果造成学生高分低能、大多数学生对学英语不感兴趣等不良后果。随着现代化教育的发展,信息技术扩展了英语教学的空间和资源,在英语教学的过程中,它扮演着必不可少的角色。信息化教学已经初步实现自主化学习、个性化学习、开放教学资源、优化教学环境等目标,在英语课堂教学实践中体现出了巨大的优势和发展潜力。"声动英语课堂"倡导在英语课堂上利用现代化信息技术加强"声动"感观,引导学生在实践中,获取知识、培养技能、提高素质。例如在课后练习中,我校教师经常使用的是一起作业网和传而习软件。一起作业网中大量的习题可以让学生更好地开展个性化学习,习题的难易程度可以根据学生现有的知识水平来决定。其中的口语测试环节更是学生练习口语的好帮手。传而习软件则是侧重家校联动,教师在软件上布置作业后,需要家长拍照上传,客观题系统自动打分,主观题教师在软件上进行批改。错题系统会自动进行解题并分配同类型试题进行二次练习。此外,教师还会经常推荐各类英语学习网站和软件给学生进行课外知识扩充,如新概念英语、掌中英语、大耳朵英语、可可宝贝等。这些互联网的学习资源改变了传统的学习方式,优化了学习环境,实现了学习资源的开放性。

(三)"声动课堂"的评价标准

根据"声动课堂"的内涵特点,学校从教学目标、教学内容、教学过程及教学方法方面,制定"声动课堂"评价标准,促进教师专业发展,引领课堂发展方向。

表6-2-3 "声动英语"课程评价

评价项目	评 价 内 容	得 分
目标切实 (25分)	1. 学习目标基于学科素养和课程标准,适合校情学情,具体明确,操作性强,体现知识技能、思想方法的统一,突出活动性和实践性。 2. 在学习目标的基础上形成清晰的任务单。	
内容广阔 (25分)	1. 学习内容注重情境化、生活化、活动化,引导学生利用网络资源取材。 2. 通过整合相关学科知识,帮助学生对学习内容进行精深加工,会构建知识框架,会联系生活实际。	
过程灵动 (25分)	1. 突出学生的主体地位,引导学生创新思维、利用各类软件展示自我观点。 2. 通过变式拓展,鼓励不同层次的学生进行个性展示,发展求异思维,引导学生广泛参与课堂学习。	
方法多样 (25分)	1. 能根据学习内容,帮助学生选择恰当的学习方式和载体,灵活运用各类教学资源。 2. 从关注"教"走向关注"学",注重学法和策略指导。能适时有效地介入课堂,精讲点拨,变式拓展。鼓励不同层次的学生进行个性展示,发展求异思维。	
综合评价		

二、举办"声动英语节",乐享英语之趣

新课标强调,学生在学习中起主导作用,因此在教学中提高学生的学习兴趣变得尤为重要。基于此,我们开展多种多样的英语节活动,让学生参与其中,在乐中学,在乐中思,学习兴趣自然而然地提高了。

(一)"声动英语节"的实施

我校结合学生的实际情况,小学英语课程开展了"歌唱比赛"、"书写 ABC"、"绘

本故事表演"等活动。多种多样的活动不仅巩固了学生的知识，而且还拓展了学生的思维，并能把理论知识转化成实践能力，促进了学生的全面发展。这些活动的开展都离不开互联网信息技术的支持，例如英文歌曲的学习，绘本故事的学习和排练，广泛的网络资源也是丰富的教学资源。学生在获取信息的方式上得到了更深层次的优化，可以按照自己的兴趣、爱好和知识水平对学习内容进行选择，用新方法来学习新的技术与知识，真正做到个性化学习和自我学习。

表 6-2-4 "声动英语"课程"声动英语节"课程的设立

课 程 名 称	课 程 内 容	组 织 实 施
歌唱比赛	以英语歌曲为主要内容。	每周开设一次英语歌曲课，以学生报名为主，老师推荐为辅，统一时间地点进行比赛。歌唱比赛鼓励自创 PPT 进行背景展示。
书写 ABC	开展英文书写比赛。	纸张由学校统一筹备，作品统一用英文纸书写，各班推选出两名同学的作品进行校内展示。
绘本故事表演	以绘本为主要内容，由学生自导自演进行创作。	组织学生广泛阅读绘本，推荐多种有声英文阅读网站，让学生自行选定绘本并进行改编创作，自由分组排练，通过 2—3 周的时间准备，最后进行表演比赛。

(二)"声动英语节"的评价要求

一个好的课程实施，必须有一套系统的评价方案与之相配合，这样才能使其发挥到最好的作用。"声动英语节"的评价维度分为五大类别：活动开展、内容丰富、学生表现、活动效果和人文情怀。具体评价标准如下：

表 6-2-5 "声动英语"课程"声动英语节"评价量表

评价项目	评 价 内 容	得 分
活动开展 (25分)	1. 活动内容生动有趣，体现人文性，能激发学生参与的热情。 2. 活动贴近生活，具有创新性。 3. 活动具有针对性，能切实提高学生的能力。	

续 表

评价项目	评 价 内 容	得 分
内容丰富 (25分)	1. 内容符合新课程标准的要求，符合时代潮流。 2. 知识有一定的拓展，在学生积极参与活动的同时，也拓展和丰富自己的知识。	
学生表现 (25分)	1. 在活动中，学生能运用网络资源进行内容整合。 2. 能根据活动的要求，学生在获得知识的同时，也能体验和表达情感。	
活动效果 (25分)	1. 整个活动开展流畅，各个环节衔接紧密。 2. 学生通过活动参与得到能力的提升，并且活动具有一定的影响意义。	
综合评价		

三、建立"声动社团"，展露个性风采

社团活动的开展，作为学校课堂教育的外延，发挥着重要的作用。不仅能充分发挥学生的个性风采，锻炼学生的管理能力，还有利于塑造学生完善人格，更是学校精神建设的有力抓手。基于此，我校小学英语学科试图以创办社团为途径，满足学生个人发展需求，表现个性、展露风采。

(一)"声动社团"的类别与实施

在英语组教师们的共同商议之下，创办记忆能手、经典阅读等英语社团，涵盖单词、阅读、名著、舞台剧等领域。

记忆能手社团，主要是举行单词分类听写、背诵等活动。拓展学生的知识面，提高识记水平，提升词汇量，激发学习兴趣。教师可以结合赣教云平台中的单词达人赛来进行，还有一起作业网中的"发起挑战"环节来进行同学之间的 pk 赛。

经典阅读社团，以经典名著为载体，通过阅读、表演的方式，创设情境，让学生走进经典、感悟经典，提升文化情怀。教师可以推荐各类有声英文阅读软件给学生，例如伴鱼阅读、洪恩双语阅读和喜马拉雅儿童英语绘本阅读等。

(二) "声动社团"的评价要求

为保证社团出成绩、上水平、真正成为学校每一个人共同的社团,特制订以下相应的活动评价标准,主要从出勤情况、活动过程、活动效果、特色创新等维度进行评价。

表6-2-6 "声动英语"课程"声动社团"活动评价表

评价项目	分 值	评 价 标 准	教师评分
出勤情况	20分	实行签到制度,按时参加社团活动,不迟到,不早退。	
活动过程	20分	目标明确,活动主题积极健康,内容丰富,形式生动,组织条理。活动中可以利用多媒体设备吸引学生兴趣。	
	20分	社员参与热情,气氛热烈,能充分发展自我特长,团结协作,在互动中提升自己。	
活动效果	20分	能达成预期目标,形成自己的学习成果,积极参与社团成果展示交流。	
特色创新	20分	成果作品结合现代信息技术有特色、有创新、有亮点。	
总体评价			

四、实施"声动英语"课程,促进习惯养成

声动英语学习,旨在培养学生对英语学习的持续性学习兴趣以及积极主动的学习态度,养成良好的学习习惯。我校营造出轻松、活跃的学习氛围,开展丰富多彩的学习活动,学生在各类活动中受益匪浅。

(一) "声动英语"课程的设立与实施

基于我校学生学习方法不佳、学习习惯不良和家庭教育普遍缺失的农村教育现状,特制定以下实施方案。

首先,培养学生乐于听"声"。语言学习,从听开始。英语教研组经过老师经验分享与总结,从低年级到高年级制定出一套分阶段听力实施方法。从自然拼读、超

级词霸，到绘本听读、趣玩动漫等课程都会引导学生的听有侧重。推广使用各类免费听读软件和口语练习软件，并要求学生每日打卡，发英语语音给相关老师。

其次，引导学生善于活"动"。如何在英语课堂内外，引导学生大胆地动起来，学起来。我校课程设置的校园歌手、play time、动画剧场，都在内容设置上引导学生多说，敢动，用英语做事情。教师在课程实施中利用现代化教育资源丰富教学内容，增加趣味性。努力创设情境，让学生想表达英语，真正给学生提供施才华的表演舞台。例如在动画剧场课程中，教师可以在网络资源中选取学生喜爱的动画资源，利用剪辑软件截取片段，还可以利用趣配音软件来进行配音比赛。

(二)"声动英语"课程的评价方式

"声动英语"课程以提高学生学习兴趣、培养学生学习习惯为目的，坚持评价标准多维化。我校"声动英语"课程评价从学生的语言技能、语言知识、学习策略、情感态度和文化意识五个方面入手，围绕听、说、读、写、唱、玩、演、做等方面的能力进行。在自然拼读类课程、听力口语类课程、书写阅读类课程及校园歌手、最佳拍档、play time、动画剧场这些课程中，让学生通过体验、探索，有效地学习英语，综合培养他们在听说读写、唱玩演做方面的能力。结合英语学科特点，根据课程内容的不同，我校"声动英语"课程评价分为：过程性评价、终结性评价。最终的评价等级依据各项评价等级进行评定，即 A(85—100 分)、B(70—85 分)、C(60—70 分)、D(0—60 分)。具体见下表：

表 6-2-7　"声动英语"课程质量评价表

评价内容			评分		
			过程性评价	终结性评价	
				生评	师评
基础性评价	"声"评价	视、听方面(25分)			
		读、说方面(25分)			
	"动"评价	做、写方面(25分)			
		唱、演方面(25分)			

续　表

评　价　内　容		评　分		
		过程性评价	终结性评价	
			生评	师评
综合性评价	课堂表现(30分)			
	语言知识和技能综合测试(70分)			

　　时代日新月异，顺应时代的发展，教育教学也要步步更新。"声动英语"是我们共同的追求，在"声动英语"的旗帜下，我们让英语教学充满生命的激情与活力，力求形成生动有趣、高效灵动的教学特色，倡导"正视问题、各抒己见、追求真知、和谐共处"的教研风气，确立"独立思考、反复验证、形成共识、立即行动"的学习策略。

（撰稿人：万丽娟　邬蓓蓓）

后记

美国著名的课程学者威廉 F. 派纳(William F. Pinar)认为:"课程是一种特别复杂的对话,课程不再是一个产品,更是一个过程。它已成为一个动词、一种行动、一种社会实践、一种个人意义及一个公众希望。"①随着教育改革的深入,追求有品质的课程、迈向 3.0 的学校课程变革走进了东湖教育人对未来区域教育改革的决策视野。2018 年南昌市东湖区正式启动"品质课程"提升项目,要求各校制订学校课程规划,各学科创建具有学校特色的学科课程群。从项目启动以来,东湖英语教育人从最初的迷茫困惑到茅塞顿开,再到豁然开朗,经历了一个浴火蜕变的过程。

上海市教育科学研究院杨四耕教授指出:当前,"大杂烩"与"碎片化"的课程改革普遍存在。分析一下我们的英语课堂,确实存在着"大杂烩"与"碎片化"的问题。我们更多地关注工具性,关注语言能力的培养,对学生人文素养和立德树人的教育有所欠缺;我们只关注单个课程实施,忽略课程设计的系统性与整体性,忽视学生的主体性地位;我们的英语课堂还存在着教学内容碎片化、学习活动训练化、兴趣活动展示化等问题……

为了做好顶层设计,将英语学习更多地聚集学科核心素养,促进学生的全人发展,我们把核心素养培育作为全区英语学科课程群的聚焦点。我们为学校的学科课程群提供了若干个创建思路:大概念、大情境、大任务、大单元、大项目和大融合。我们期待在学科课程群建设的过程中,解决概念多、概念杂的问题,将学科的核心概念,或者说以前在英语学科教学中教师们容易忽视的概念整理提炼形成大概念,让这些大概念指向核心素养的培育。虽然情境、任务、单元都是我们英语教学的高频词汇,但我们创设的课堂情境,设计的教学任务都是因课而设计,并没有一个整体的规划和筹组,这里的大情境,大任务和大单元就是希望对教学情境、教学组织形式以及教学内容进行重新组合,使之更合理,更有效。近年来,随着以

---

① 杨四耕.学校课程深度变革的五要素分析[J].中国教师,2016,(11):63—67.

Steam 课程的兴起,基于项目的学习方式逐渐被人们所接受,这种新兴的学习方式同样也适用于英语学科,通过项目学习,学生不但能学习和使用语言,还可以锻炼学生的动手、动脑能力。另外,多媒体技术对英语学习的促进作用也是毋庸置疑的,教育类 App 将来也许会颠覆传统的学习观念,因此,我们期待通过与信息技术的融合,发挥多模态学习的优势,帮助学生提升学习效率,促进学习能力的提升。

创建学科课程群的过程是痛苦的,英语教研组结合学校课程规划和具体校情,根据区域学科顶层设计的框架,自行选择创建学科课程群的发展方向,从理解课程哲学,细化课程目标,构建课程框架,到制订课程实施和评价细则,每一个环节无不凝聚着每一个英语教研组的集体智慧。万事开头难,撰写课程群伊始,教师们感到茫然,用她们的话说:"纵然积累了众多教学经验,但是提笔似乎无从说起"。很长一段时间,教研组坚持每天一讨论,说想法,说困惑,好像理线团似的,只要理出一点头绪,就在夜晚的暖光下,敲出一个个字符,渐渐地,思路变得清晰了,课程群也慢慢地成型了。

文字已跃然纸上,但是东湖英语教育人的学习和研究并未停止,我们在想,一个个精心编排的学科课程,怎样在课堂内外得以落实且不流于形式;基础课程与拓展课程时间上如何合理分配;学生是否乐意学习特色课程,自主探究学习是否会浪费太多时间等等问题。面对困惑和挑战,教师们并未退缩,而是在实践中探索、思考、学习和总结,通过不断地修改和完善学科课程群,使其能够符合全人教育理念,符合学生实际,体现学校的办学特色。

教师专业发展的理论与实务	978 - 7 - 5760 - 0721 - 3	42.00	2021 年 1 月
课堂教学的 30 个微技术	978 - 7 - 5760 - 1043 - 5	52.00	2020 年 12 月
教学诠释学	978 - 7 - 5760 - 0394 - 9	42.00	2020 年 9 月
原点教学：提升区域育人质量的策略研究			
	978 - 7 - 5760 - 0212 - 6	56.00	2020 年 8 月
聚焦学科核心素养的课堂教学	978 - 7 - 5675 - 8455 - 6	36.00	2018 年 11 月
指向学科核心素养的课堂教学范式	978 - 7 - 5675 - 8671 - 0	54.00	2019 年 6 月

学校课程发展丛书

数学学科课程群	978 - 7 - 5675 - 9445 - 6	58.00	2019 年 8 月
科学学科课程群	978 - 7 - 5675 - 9593 - 4	34.00	2019 年 9 月
核心素养与课程设计	978 - 7 - 5675 - 9462 - 3	46.00	2019 年 9 月
语文学科课程群	978 - 7 - 5675 - 9441 - 8	56.00	2019 年 9 月
品牌培育与学校课程	978 - 7 - 5675 - 9372 - 5	39.00	2019 年 9 月
英语学科课程群	978 - 7 - 5675 - 9575 - 0	39.00	2019 年 10 月
体艺学科课程群	978 - 7 - 5675 - 9594 - 1	34.00	2019 年 10 月
跨学科课程的 20 个创意设计	978 - 7 - 5675 - 9576 - 7	34.00	2019 年 10 月
学校课程与文化变革	978 - 7 - 5675 - 9343 - 5	52.00	2019 年 10 月

品质课程实验研究丛书

学校课程框架的建构：HOME 课程的旨趣与架构			
	978 - 7 - 5675 - 9167 - 7	36.00	2019 年 9 月
聚焦育人目标的课程设计：红棉花季课程的愿景与追求			
	978 - 7 - 5675 - 9233 - 9	39.00	2019 年 10 月

核心素养导向的课程设计：花园式课程的文化与聚焦

                 978 - 7 - 5675 - 9037 - 3   48.00   2019 年 10 月

学校课程文化的实践脉络：百步梯课程的逻辑与架构

                 978 - 7 - 5675 - 9140 - 0   48.00   2019 年 11 月

学校课程发展策略：SMILE 课程的逻辑与深度

                 978 - 7 - 5675 - 9302 - 2   46.00   2019 年 12 月

聚焦内涵发展的课程探究：芳香式课程的理念与实施

                 978 - 7 - 5675 - 9509 - 5   48.00   2020 年 1 月

以儿童为中心的课程：欢乐谷课程的旨趣与维度

                 978 - 7 - 5675 - 9489 - 0   45.00   2020 年 1 月

学校课程体系的建构："小螺号课程"的架构与创生

                 978 - 7 - 5760 - 0445 - 8   45.00   2020 年 9 月

特色学校聚焦丛书

每一个孩子都是一棵树   978 - 7 - 5675 - 6978 - 2   28.00   2018 年 1 月

教育不是一个人的事："众教育"36 条

                 978 - 7 - 5675 - 7649 - 0   32.00   2018 年 8 月

不一样的生命，一样的精彩   978 - 7 - 5675 - 8675 - 8   34.00   2019 年 3 月

童味正醇：特色学校的文化图谱   978 - 7 - 5675 - 8944 - 5   39.00   2019 年 8 月

特色普通高中课程建设探索   978 - 7 - 5675 - 9574 - 3   34.00   2019 年 10 月

儿童是天生的探索者：360°科学启蒙教育

                 978 - 7 - 5675 - 9273 - 5   36.00   2020 年 2 月

做精神灿烂的教师：教师自我成长的 5 个密码

                 978 - 7 - 5760 - 0367 - 3   34.00   2020 年 7 月

让教育温暖而芬芳   978 - 7 - 5760 - 0537 - 0   36.00   2020 年 9 月

快乐教育与内涵生长   978 - 7 - 5760 - 0517 - 2   46.00   2020 年 12 月

故事教育与儿童发展　　　　　978 - 7 - 5760 - 0671 - 1　　39.00　　2021 年 1 月

跨学科课程丛书

大情境课程：主题设计与创意评价

　　　　　　　　　　978 - 7 - 5760 - 0210 - 2　　44.00　　2020 年 5 月

社会参与素养的培育模型与干预机制

　　　　　　　　　　978 - 7 - 5760 - 0211 - 9　　36.00　　2020 年 5 月

大概念课程：幼儿园特色主题活动设计

　　　　　　　　　　978 - 7 - 5760 - 0656 - 8　　52.00　　2020 年 8 月

核心素养导向的课堂教学丛书

漾着诗性智慧的课堂教学　　978 - 7 - 5675 - 9308 - 4　　39.00　　2019 年 7 月

转识成智的课堂教学：核心素养导向的历史教学

　　　　　　　　　　978 - 7 - 5760 - 0164 - 8　　40.00　　2020 年 5 月

学导式教学：学会学习的教学范式

　　　　　　　　　　978 - 7 - 5760 - 0278 - 2　　42.00　　2020 年 7 月

高阶思维教学的关键技术　　978 - 7 - 5760 - 0526 - 4　　42.00　　2021 年 1 月

特色课程建设丛书

教师，生长的课程　　　　　978 - 7 - 5760 - 0609 - 4　　34.00　　2020 年 12 月

学校课程发展的实践范式　　978 - 7 - 5760 - 0717 - 6　　46.00　　2020 年 12 月

丰富学习经历：如歌式课程的愿景与深度

　　　　　　　　　　978 - 7 - 5760 - 0785 - 5　　42.00　　2020 年 12 月